池田真朗（IKEDA Masao）

现任日本武藏野大学教授、副校长兼法学院院长，日本庆应大学名誉教授。

【简介】

出生于1949年，日本庆应大学经济学部本科毕业、法学院硕士、博士毕业，获得法学博士学位。主要研究领域为民法、债权法、金融法。

历任法国国立东洋语言文明研究所特聘教授、日本司法考试委员会委员、联合国贸易委员会（UNCITRAL）国际合同实务委员会日本国代表，日本学术会议法学委员会委员长、日本金融法学会副理事长等职务。2012年获得日本政府颁发给教育与文化等领域的最高荣誉紫绶褒章。

【代表著作】

《债券转让的研究》全4卷（弘文堂，1993—2004年出版）、《博昂纳德(Boissonade)与民法》（庆应大学出版会，2011年）、《解说电子记录债权法》（编著，弘文堂，2010年）、《新标准讲义日本债权各论（第2版）》《新标准讲义民法债权总论（全订第3版）》（庆应大学出版会、2019年）、《民法的精要（第5版）》（税务经理学会，2018年）、《民法的趣味》（讲坛社现代新书，2012年）等。

[日]池田真朗 著

朱大明 陈宇 金安妮 王梓 译

民法的精义

（第 5 版）

清华大学出版社

北京

北京市版权局著作权合同登记号　图字：01-2019-7173

池田真朗 民法への招待（第 5 版）
税務経理協会 978-4-419-06532-4
Original Japanese title：MINPOU HENO SHOUTAI 5th Edition Copyright © 2018 Masao Ikeda
Original Japanese edition published by Zeimu Keiri Kyokai Co.，Ltd. Simplified Chinese
translation rights arranged with Zeimu Keiri Kyokai Co.，Ltd. through The English Agency
(Japan) Ltd.

图书在版编目（CIP）数据

民法的精义：第 5 版/（日）池田真朗著；朱大明等译.—北京：清华大学出版社，2020.6
（2022.11重印）
ISBN 978-7-302-54646-7

Ⅰ.①民… Ⅱ.①池…②朱… Ⅲ.①民法－研究－日本 Ⅳ.①D931.33

中国版本图书馆 CIP 数据核字（2020）第 005313 号

责任编辑：李文彬
封面设计：傅瑞学
责任校对：王淑云
责任印制：丛怀宇

出版发行：清华大学出版社
　　　网　　　址：http://www.tup.com.cn，http://www.wqbook.com
　　　地　　　址：北京清华大学学研大厦 A 座　　　邮　　编：100084
　　　社　总　机：010-83470000　　　　　　　　　邮　　购：010-62786544
　　　投稿与读者服务：010-62776969，c-service@tup.tsinghua.edu.cn
　　　质量反馈：010-62772015，zhiliang@tup.tsinghua.edu.cn
印　装　者：三河市铭诚印务有限公司
经　　　销：全国新华书店
开　　　本：170mm×240mm　　印　张：9　　插　页：1　　字　　数：165 千字
版　　　次：2020 年 6 月第 1 版　　　　　　　印　　次：2022 年 11 月第 3 次印刷
定　　　价：58.00 元

产品编号：084184-01

致中国读者

本书是 2018 年出版的拙著《民法への招待》(第 5 版)的中文版。《日本民法》的债权部分此前经历了时隔 120 多年的大修改,其内容于 2017 年 6 月公布、2020 年 4 月 1 日开始施行。本书日文版的第 5 版与此次民法修改同步进行了修改,因此第 5 版中已经涵盖了《日本民法典》的最新内容。

虽然《日本民法》的正式法律名称为"民法",但民法等基本法在日本多被称为"法典"。《日本民法典》是一部条文数超过 1100 条的大型法典,因此难以在一本著作中面面俱到地加以说明,本书尽量取其精华以使读者理解民法的要点及本质。此外,为了使本书不仅适合法学院学生,而且适合文理所有专业的大学生以及社会人士学习,本书还介绍了民法的学习方法,这在其他教科书和参考书中并不多见。

本书自从 1997 年首次出版后有幸得到众多读者的认可,迄今为止多次重版。其中,第 3 版的补订版于 2008 年被翻译成柬埔寨语,提供当地的大学教育和法律人才培养使用。

此次在朱大明教授为首的译者们的大力支持下,本书的中文版得以问世,作为本书的作者我不胜感激。本书中文版的问世恰逢中国正在编纂自己的民法典,作为作者也衷心希望本书能对中日两国的民法之比较研究有所帮助,并为有志于了解《日本民法》以及赴日本学习法律的人员提供参考。

最后再次向朱大明教授等译者们表示衷心的感谢,并向为本书的出版付出大量工作的清华大学出版社表示衷心感谢。

池田真朗

2020 年 1 月

第 5 版前言

本书在 1997 年推出第 1 版后有幸得到读者的认可而多次重版,并于 21 年后迎来了第 5 版的发行。以债权法为主的民法大修改的内容于 2017 年 6 月 2 日公布、2020 年 4 月 1 日施行。本书第 5 版根据相关修改内容进行了全面改订。

2017 年民法修改多被媒体报道为旨在保护消费者的与日常生活相关的修改,而实际上在企业等也参与的交易法方面也进行了众多修改。

虽然此次修改注重采纳判例法理和内容的浅显易懂,但也存在内容反而变得复杂难懂的规定。本书尽量从普通市民的角度出发对这些内容作出解释,书中对多达 80 处以上的表述进行了修正(原则上所引用的均为修改后的条文)。

此外,第 5 版还进一步强化了自第 1 版以来所保持的本书的特色,即也能向法学专业以外的学生或社会人士通俗易懂地介绍民法的整体内容(关于这一点详见本书第 10 章学习上的建议中对各专业读者的建议)。

作者感觉经过上述改良,本书成为了对众多读者而言更加有用的教科书或参考书。

自从第 1 版发行以来,社会局势发生了各种变化,而本书不仅被众多大学和大专采用为民法的入门教材,而且被作为各种企业的研修教材得到广泛应用。对于需要在各种资格考试中学习民法的人,或完全未学过法学而希望进入法科大学院的人,本书也可以起到"试纸"的作用,即通过本书大致了解民法,从而判断自己是否适合学习法学(是否觉得法学有意思)。

另外,在社会的电子化高速发展及老龄化日趋严重的情况下,社会人士的循环教育或进修教育变得非常受重视,作者也希望本书适合用作这方面的教材。

本书对柬埔寨的法学教育也作出了贡献。2000 年起本书被翻译成柬埔寨语,并在几乎没有用本国语言撰写的法律书的柬埔寨作为法学教材加以捐赠。2000 年 10 月起,财产法部分的翻译书以分册的形式先后三次被捐赠给柬埔寨皇家法律经济大学、司法部和律师协会等。2004 年 3 月本书改订版的财产法部分的全部翻译完成,2008 年 3 月本书第 3 版补订的包括家族法在内的完全翻译版问世,并分别捐赠给柬方(柬埔寨的司法部部长和日本驻柬埔寨大使也出席了最后的捐赠仪式)。柬埔寨于 2007 年末完成并公布了新民法典,非常荣幸本书能在快速恢复的该国的法学教育中发挥作用。

最后向为本书的出版付出辛勤劳动的税务经理协会的各位老师致以诚挚的谢意。

池田真朗

2018 年 2 月

第 1 版前言

人在学习一门新的学问时,最先遇见什么样的书籍才算幸运呢? 尤其是学习与自己的主专业不同领域的学问时,最先接触到的书籍更可能起到决定性作用。若遇见的书籍不理想,则不只是浪费时间,还可能产生放弃学习该学问的念头。

本书的目的是为法律初学者学习民法这一最大的法学基础科目提供指南。

虽然本书主要是面向经济学与商学专业的读者,但作者希望理科和文科专业的读者也能顺利读懂本书,而在入门时感到困惑的法学院学生阅读本书后能够找到学习的方法。大学等各大院校使用本书作为教材时,适合在非法学专业的学生花一年时间学习民法概要的课上使用。

如果是推理小说,那么只要情节充满刺激给读者带来乐趣即可。而学问的入门书却并非如此,其不是读完后就结束,而是读完后才开始。进而言之,入门书的使命首先在于使读者读完,其次在于使读者在读完后有兴趣进一步学习。

然而实际上这并非易事。归根结底,只能真心实意地站在读者立场上,毫不敷衍地撰写文章。

作者衷心希望读过本书的读者能够喜欢上民法和了解民法的魅力所在,并产生想进一步学习民法的念头。在执笔时作者满心只有这个想法,其实也就是想让读者了解因为喜欢民法而一路走来的作者自身。

法学是包括价值判断的学问。作为法学之基本的民法绝不会出现突然得出异想天开的结论的情况。民法是由常识性价值判断积累而成的学问,其可获得世间多数人的共识,并且多数人基于自身经验可对其加以接受。因此,其实民法一点都不难。但在学习民法时不得不以文章的形式,通过文字来学习。因为无法通过符号或公式来表示,所以平常习惯使用符号或公式的人在学习民法时也必须阅读文字。在此对读者提个小要求,希望在阅读本书时能够坚持读到最后。

在向读者提要求之前,作者首先在书中注意做到以下几点:(1)尽量使用通俗易懂的词汇;(2)为了使每个概念易于理解,通过举例和画图等展开说明;(3)在解释一个概念时,不使用其他尚未解释过的概念。

虽然这些看似理所当然,但作者在学生时代所接触到的法学大家们的书却并非完全如此。我记得其大多未注意做到上述几点。我认为学者必须避免将专业用语当做不言自明的东西来用(不只是社会科学,自然科学也同样如此。学过数学的人都知道的符号可能对没学过的人而言却是暗号,而法学家使用的法律用语对别人而言同样也可能无法理解)。此外,还要避免将简单的内容越写越难,相反应注重将难的内容解释得浅显易懂。

池田真朗

用语对照表

日　文	中　文
公認会計士	注册会计师
税理士	税务师
参照	参见
強行規定	强行规定
制限行為能力者	限制行为能力人
不法行為	侵权行为
遺言	遗嘱
改正	修改
パンデクテン	潘德克顿
ボアソナード	博瓦索纳德
特定商取引法	特定商事交易法
訪問販売法	访问贩卖法
私的自治	私法自治
目的物	标的物
契約不適合責任	合同不符合责任
遺留分	遗留份
生活保護受給権	接受生活保护权
身元保証契約	身份保证合同
相続分	继承份额
直系卑属	晚辈直系血亲
代襲相続	代位继承
直系尊属	长辈直系血亲
詐欺	欺诈
強迫	胁迫
親族	亲族
親等	亲族等级
姻族	姻亲
血族	血亲
欠格事由	不适格事由
嫡出子	婚生子女
非嫡出子	非婚生子女
離縁	解除养子关系
内縁	事实婚姻
家事	家庭事务
法律婚	法律婚
結納	彩礼

婚約	婚约
親子	亲子
養子	养子
親権	亲权
後見	监护
後見人	监护人
後見監督人	监护监督人
家庭裁判所	家事法院
保佐人	保佐人
被保佐人	被保佐人
禁治産者	无民事行为能力人
准禁治産者	限制行为能力人
寄与分	贡献份额
包括承継	概括继承
自筆証書遺言	自笔证书遗嘱
公正証書遺言	公正证书遗嘱
秘密証書遺言	秘密证书遗嘱
危急時遺言	危急时遗嘱
隔絶地遺言	隔绝地遗嘱
包括遺贈	概括遗赠
死因贈与	死因赠与
遺留分減殺請求	遗留份减除请求
不在者	不在者
特別縁故者	特别因缘人
給付	给付
不当利得	不当得利
申込み	要约
承諾	承诺
代金債権	价款债权
引渡債権	交付债权
諾成契約	诺成合同
要物契約	要物合同
要式契約	要式合同
使用貸借契約	使用贷借合同
合意	合意
拘束力	约束力
危険負担	风险承担
反対給付	反对给付
第三者のためにする契約	为第三人利益的合同
履行遅滞	履行延迟
原状回復	恢复原状

遡及効	溯及力
相手方	相对人
追完請求権	追加完全履行请求权
賃貸借契約	租赁合同
賃借権	承租权
地上権	地上权
信頼関係	信赖关系
借地人	土地承租人
借家人	房屋承租人
使用貸借契約	使用借贷合同
消費貸借契約	消费借贷合同
貸金業登録業者	贷款业注册业者
請負契約	承揽合同
注文者	定作人
請負人	承揽人
委任契約	委托合同
委任者	委托人
受任者	受托人
任意後見	任意监护
寄託契約	寄托合同
寄託者	寄托人
受寄者	保管人
組合	合伙
組合員	合伙人
持分	份额
終身定期金契約	终生定期金合同
クーリングオフ	冷却期
信義則	信义则
信義誠実の原則	信义诚实的原则
取り消し	撤销
事務管理	无因管理
慰謝料	抚慰金
逸失利益	所失利益
結果回避義務	结果回避义务
責任無能力者	无责任能力人
過失相殺	过失相抵
使用者責任	使用人责任
被用者	被使用人
自動車損害賠償保障法	机动车损害赔偿保障法
製造物責任法	产品责任法
非債弁済	非债清偿

不法原因給付	不法原因给付
元本債権	本金债权
受領遅延	受领延迟
債権者代位権	债权人代位权
詐害行為取消権	诈害行为撤销权
完成猶予	延缓完成
根保証	根保证
物上保証	物上保证
供託	提存
内容証明郵便	内容证明邮件
印紙税	印花税
債務引受	债务承担
弁済代位	清偿代位
代物弁済	代物清偿
相殺	抵销
債権法	债法
抵当	抵押
質権	质押权
根抵当権	最高额担保权
先取特権	优先受偿权
仮登記担保	假登记担保
譲渡担保	让与担保
所有権留保	所有权留保
物上代位	物上代位
留置	留置

目　录

第1章 导 言

第1节 上课铃响起前

本书不是一部单纯的民法概论书,它更像是整个民法课程中的导论课。首先本书会对民法学习的顺序、方法作出指导,之后会给大家提出一些学习建议。可能有一些读者对民法知识已经有所了解,不想遵循这种结构,希望能尽快开始学习实际法条内容,那么也不妨先跳过第1章,从本书的第2章民法总则开始阅读。但第1章的内容是必要的预备知识,希望大家一定再次回来阅读本章内容。

第2节 给读者的话

本书希望能帮助大家在短时间内抓住民法这一科目的轮廓,并为继续深入学习做好相应的准备。目前民法入门书籍种类繁多,因此我想为本书设立一个独特的目标:比起法学专业的人,本书的主要对象将是其他专业想要学习民法,或是因为其他原因想对民法概要有所了解的人。当然,我也非常欢迎刚进入法学院的大学生阅读本书,希望本书能对已经深入学习过经济学或商学或在企业中对票据或支票等知识已经有了实际经验,但还没有系统学习过法律知识的人,以及大学或短期大学中非法律专业的学生有所帮助(请先阅读本书第10章)。更具体一点,我希望本书能成为备考注册会计师、税务师等考试的民法入门最佳书目之一。

我的自身经历也是设立这个目标的理由之一。我大学本科并非从法学部,而是从经济学部毕业。作为大学纷争①的最后一代,我在入学之后不断试错的结果,就是

---

① 大学纷争:日本在20世纪60年代后半期频发的大学生与学校间关于大学的经营、教育及研究方法的纷争,见《大辞林》第三版。——译者注

在学籍还没脱离经济学部的时候就开始学习法律。虽然临近毕业，我修习过的内容已经和法学部学生基本相同，但我仍然比别人更加理解学经济等专业的人对法律内容感到棘手，或在刚开始学习的阶段因为学科间思维方式的差异而产生的不协调感。

我想通过自身的学习法律经验来消除大家对法学的误解和抵抗，并向大家传达民法作为一门专业的趣味性。事实上，民法学真的是一门非常有意思的学问，也是法学真正的、重要的基础学问（不管是哪个大学的法学院，学分最多的科目无一例外都是民法）。

所以，学习民法绝不会有损失，哪怕抱着非常现实的目的来学习民法也没问题。但也正像本书后几章描述的那样，民法作为私法领域最重要的基本法，其对象是广泛的市民社会生活，是一门非常人本的学问。因此，我希望在大家最终掌握民法的时候，除了能得到你们所追求的实际利益外，还能够加深对人的了解，看到人的不完美，看到那些也在为社会进步而不断努力的人们的身影。

第3节　学习的准备

1. 民法学习的精神准备

在进入民法学习时，首先要丢掉对法律的成见，放松你的头脑。

这是什么意思呢？很多还没开始系统性学习法律的人，可能会抱有"法律是国家制定的绝对规则""国民必须遵守"等刻板印象。然而，这些认识对于民法来说几乎全都是错误的成见。

法律中当然存在着众多出于保障社会安全以及基本人权等重要目的，我们必须遵守的规定。然而在民法中最为重要的考量，是我们当事人的"意思"。民法最基本的目的，是让有判断力的成熟市民，能够通过独立自主的意志在相互间塑造种种社会生活关系（请参见第1章第7节中的意思自治原则）。正因如此，民法中大量的规则并不是"绝对"的，相反在很多领域中，若当事人之间通过自身的自由意思制定了与民法条文不同的规则，则其将成为最受优先的规则（参见第1章第7节中的任意规定与强行规定）。

因此，在学习民法时，首先要丢掉认为民法是"强迫性""死板的"或"不近人情的"等错误印象。

2. 民法学习的物质准备

其次，请做一笔"设备投资"。从现在开始要学习法律的人，请购买一本自己专用的六法。所谓六法，是指宪法、民法、刑法、商法、民事诉讼法以及刑事诉讼法这六部主要法律。收录了这六部法律及其他各种法律的汇编书被称为"六法全书"，六法便是六法全书的简称。

购买时请注意以下几点：

（1）比起大部头的"六法全书"来说，薄一些的六法版本会更合适。虽说书越薄，其收录的法律篇目会越少，但在刚开始学习民法或其他法律时，像《口袋六法》（有斐阁）或是《日常六法》（三省堂）这样的小型书，就已经够用了（另外还有信山社出版的《法学六法》，这本书只收录了初学者学习所需要的法律法规）。如果购买了以"六法全书"为书名的大部头书籍，可能会重到让你搬不回家去。更重要的是，大部头的书会让人在学习过程不愿意经常翻看，这样对初学者来说就没什么意义了。此外，备考注册会计师考试只需要掌握商法和民法，可以按照上面的建议购买。但是，参加税务师考试（虽然民法不是考试科目，但也想进行学习）的人，请在购买前确认你要买的小型六法中是否包含税务相关的法律，或干脆在购买六法的同时再买一本《会计诸则集》（税务经理协会）。

（2）一定要买一本自己专用的六法。请不要使用别人送的旧书或放在公司里的书。其中一个原因是，如果法律修改了，旧书中的条文会和现行法律不一致。更重要的是，如果你准备从现在开始学习法律，就要显示出相应的决心。如果做这么便宜的设备投资（不过是和朋友一起喝一杯的钱）都不舍得，恐怕也无法期待未来的学习成果。

（3）这一条是对大学生的建议。市面上有同时收录条文和判例的六法，这样的书对于学习很有帮助，但在法律课程期末考试的时候，通常不允许携带附有判例的六法。在日常学习中可以使用像《判例六法》（有斐阁）这样的附带判例的六法，但如果你要修习法律课程，最好分别准备学习用书和考试用书两本。

第 4 节　民法的对象范围

民法并非不近人情，而是与我们的日常生活紧密相连。民法也因此被认为是一门非常重要的法律。

下面，我们具体地来看看人的一生中与民法存在的关联。人从降生到这个世上的那一天起，就被赋予了作为一个人来进行社会生活的基本能力（**权利能力**），并且可以通过向他人传达自己的自由意志来创造社会关系（**意思表示**）。但如果年龄还小，创造法律关系的能力（**行为能力**）尚未完满，就需要在家长的同意等各种形式的保护下，进行意思的表达和社会关系的创造（**限制行为能力人的监护**）。接着人逐渐会拥有一些可以自由使用和处分的物（**物权**）。此外，人如果与他人的意思表示达成一致，并因此形成了发生一定法律效果的约定（**合同**），就可以获得要求他人为一定行为的权利（**债权**）。如果有人遭遇了交通事故，可以请求损害赔偿（**侵权行**

为)。此外,人不是万能的,其存在是有限的,因此请求赔偿或请求他人为一定行为时,要有时间的限制(**时效**)。很多人会找到共度一生的伴侣(**婚姻**)。有的人会结婚并生下自己的孩子(**亲子**),也有人收养别人的孩子(**养子**)。当人像这样过完充实的一生时,其会把财产留给配偶和孩子(**继承**),或是在生前写下财产处分的方法,并在死后实现这一最终意思(**遗嘱**)。

上面所描述情景,都在民法的适用范围内(括号中是民法用语)。由此应该可以实际体会到民法真的是以我们社会生活中的身边的事物为对象。

第 5 节　民法典概览

1. 民法典的结构

现在,请翻开你的六法。大部分的六法的开篇都是宪法、行政法的相关法律,民法大多就收录在其后。民法是一部超过千条的大部法典,条文非常之多,其原因正如上文所述,是因为民法以广泛的社会生活为对象。不过,民法中的规定很多都是常识性的规定。因此请不要因为条文太多就对民法敬而远之。

日本的民法典(大部的法律被称为法典)由总则、物权、债权、亲族、继承五编构成。其中前三编在学理上称为财产法,后两编称为家族法或身份法。总则编从其名称来看很像民法整体共通的规则,但其实际内容只与其后的物权、债权两编相关,是财产法的共同规则。本书会重点讲解财产法的相关知识,也会介绍家族法的部分内容(包含第 8 章中列举的婚姻、亲子、养子、继承及遗嘱等内容),特别是继承法等法律中与财产法相关的部分,以及税务师等考试中各类税法的前提知识,希望能为大家打好基础。

2. 物权与债权

如前所述,总则中规定了物权编与债权编的共同规则(总则中包含了第 2 章第 3 节中列举的权利能力、限制行为能力人的监护、意思表示以及时效等)。物权编规定了人对物的直接支配权。其中,具有代表性的(完全的)物权是所有权。所有权人能够自由地对所有物进行占有、使用、收益以及处分。物权可以对世上的任何人主张(可以排除他人的干涉或妨害),是绝对权。物权的种类由民法规定,不可以任意创造新的物权种类。物权编的后半部分除了规定对物的支配权外,还规定了担保物权。所谓担保,是一种仅对物的交换价值进行支配的保证对人的债权的手段,比如,当借款债权无法偿还时,就可以对某个担保物进行拍卖,并将拍卖款回收。债权编的前半部分规定了债权的各种性质,以及债权从发生到消灭的过程(这部分是债权编的"总则",在讲学中被称为债权总论)。债权编后半部分规定了债权的发生原因(这部分在讲学中被称为债权分论)。债权是特定人向特定人请求为一定行为的权利,其发生原因有四种,其中最大的原因是合同(其他还有侵权行为等)。债权只在当事人之间有效,是相对权。人们可以通过合同自由地创设各种各样(只要内容上不反社会)的债权(合同自由原则、债权的自由创设性)。

3．民法典的创立与沿革

《日本民法典》于明治 29(1896 年)公布,明治 31(1898 年)开始实施。家族法部分(第 725 条以后)于"二战"后的昭和 22(1947 年)进行过全面修订,但前三编的财产法部分(第 1～724 条)直到近年还保持着公布时的形式:条文由片假名的文言文写成,也没有标出句读。直到平成 16(2004 年)时,才对前三编也进行了现代语化。本次 2017 年的修订是时隔 120 年的大修订,将于 2020 年 4 月开始实施。

"总则放在开篇"这样的编排是模仿《德国民法典》(确切地说是其草案)的潘德克顿(Pandectae)体系①,但《日本民法》的内容没有都学习德国民法体系。大体来看,德国民法与法国民法对《日本民法》的影响各占一半,甚至在有的篇目中,法国民法的影响明显更强。

日本的第一部近代民法典,即旧民法,是由明治政府聘请的法国法学家**博瓦索纳德**(Boissonade)以《法国民法典》(1804 年的《拿破仑法典》)为范本完成的。该民法典同时参考了意大利等法国大陆法学国家的民法典,以及在《法国民法典》实施后约半世纪中形成的各种判例和学说。该民法典的家族法部分由日本委员起草。这部旧民法(明治 23 年公布)因为法典论争②的原因被延期实施,最后不了了之,没能进入成功实施。现行的《日本民法典》的前三编是由旧民法修正而来,并在修正阶段参考了作为当时最新立法的德国民法草案。《日本民法》在编排形式上学习了德国民法,而内容上则保留了不少法国法学家博瓦索纳德旧民法的条文。现行民法修正的起草委员包括日本首位取得英国大律师资格的穗积陈重,以及有法国留学经验的梅谦次郎和富井政章三人。

第 6 节　民法在法律体系中的位置

1．民法是私法的基本法

接下来,我们来看看民法在法律体系中的位置。我们的社会中存在很多法律,其中,宪法和行政法等有关国家体制或国家与个体的关系的法律被称为公法。与

---

① 潘德克顿系统的特点,在于将分则中共通的部分作为总则抽取出来放在前面。——译者注
② 法典论争:围绕着 1890 年(明治 23)公布、1893 年预定实施的民法是否应当实施所进行的争论。明治政府主张应当实施,与此相对,穗积八束等人主张该法典与国情不符,应当延期实施(最后未能实施)。大辞林第三版。——译者注

此相对,以个体与个体间的生活关系为中心进行规制的法律被称为私法。在法律世界中,公司等团体之所以被称为法人,正是因为法律将其活动与人的活动相比拟。因此,对公司进行规制的商法等也属于私法的范畴。在私法领域的众多法律中,最基本的法律就是民法。因此,民法也被称为私法的基本法。

2. 一般法与特别法

这又是什么意思呢? 假设我们约定要用金钱购买物品,这个约定就是民法上的买卖合同。买卖合同的规定首先设置在民法当中,但如果当事人是商人或公司,且买卖的目的是为了营业,那么这个买卖合同就变成了商法上的问题。此外,即使买家是我们普通市民,但买卖的形式是由销售人员到我们家中推销物品,那么这个买卖合同就会成为特定商事交易法①(平成12年修改前的访问贩卖法)的适用对象。像这样,同样是买卖行为,如果当事人是商人就会成为商法上的问题,如果是以上门访问的形式就会成为特定商事交易法上的问题。在买卖行为中,民法是商法和特定商事交易法的一般法。而反过来讲,商法和特定商事交易法是民法的特别法。法律世界中有一条普适规则,特别法优先于一般法适用,在遇到问题时,首先要适用特别法,如果特别法中没有规定,再适用一般法中的原则性规定。在上述例子中也一样,如果商法对此没有规定,再去适用民法中对买卖行为的规定。通过这个例子我们可以了解到,民法作为私法的基本法,是私法领域中众多法律规定的基础乃至思考的出发点。因此,学习私法,总是要从学习民法开始的。

当然,以上的观点并不意味着民法比商法等学科的地位更高,而是说民法与商法各自有着不同的特征。比起民法,商法的技术性更高。商法会因商事交易形态的发展而不断进化,民法则相对更加稳定,变化更少。民法作为基本法,是很多其他特别法的基石,本身不应该变化得过于频繁,只有在社会发生很大变化时,民法才有改变的必要。正因如此,我们在学习不同的法律时,自然应当采取不同学习方法和思考方式。

第7节 民法的特征——意思自治(私法自治)原则

1. 意思自治原则与合同自由原则

本节中我将讲述民法的重要特征。前文已经讲过,民法中最重要的考量是我们当事人的"意思"。这就是说,比起他律性的、既定规则下的生活,至少在塑造"个人与个人的生活关系"上,民法认为通过自身意思制定规则的自律性的生活更为理想。这样的原则被称为意思自治原则或私法自治原则。具体到"合同自由原则"来

---

① 特定商事交易法:1976年制定,当时名为访问贩卖法,后来经过了多次修改。其旨在防止商家进行违法的推销行为,以保护消费者的合法权益。——译者注

讲,只要不违反公共秩序及善良风俗,人们就可以在可能范围内自由创造各种规则(债权关系)。

当事人在彼此之间可以用这些自由创设的规则替代法律,优先于民法的规定适用。例如,在买卖合同中,卖家所交付的标的物的品质如果与合同的内容不相符,买家可以请求卖家进行修补或提供替代品(**562 条及其后。此后本书中将省略民法的法律名称,只记载条文序号**)。这就是 2017 年修订中规定的"合同不符合责任"(修订前的相应规定是"瑕疵担保责任")。但是,如果当事人在合同条款中做了其他约定,就应当优先适用约定的规则。只有在没有约定的情况下,才适用民法规定。再举一个例子,一个商家大甩卖时,在某件大衣上标注了"微小瑕疵不予退还"进行减价销售,买家如果对标注的内容作出承诺并购买,就意味着双方是在免除卖家的合同不符合责任的合意上进行的买卖。这样的买卖合同的效力也是有效的。

2. 任意规定与强行规定

或许有人认为,如果像上文那样根据当事人的意思排除了法律规定,那么法律规定不就没有用处了吗?并非如此。如果当事人进行了约定,自然应当优先适用约定的规则,但是总会有当事人没有约定的部分,比如,买卖双方约定好了价格,但没有约定由谁来负担运费。在这种稍不注意就可能遗漏的地方,民法中的规定会作为当事人意思的补充来适用。

这种比起法律条文内容而言,当事人合意更为优先的规定被称为任意规定。与此相对,无法通过当事人的约定更改内容的法律规定被称为强行规定。民法债权法中存在大量的任意规定。当然,民法中也有很多强行规定。比如,在物权法中就不允许随意创设法定种类以外的物权种类,这是因为物权是对物的排他性权利,是对世界上的任何人都可以主张的绝对支配权,其效力是非常强大的。如果法律允许随意创设这样的权利,恐怕会对他人造成困扰。不过,至少在债权法的主要部分中,法条中所写的内容并不是绝对的。

在这一点上,民法与公法领域中的刑法或道路交通法等法律有很大的不同。在交通法规中,有"红灯停绿灯行"这一规则。为了防止交通事故发生,维持交通秩序,全体国民必须遵守这一规则,不能擅自约定"绿灯停红灯行"之类的其他规则。而在民法的债权法中,在很多情况下并非是当事人"不守法",而是"当事人约定的规则比法律更加强势"。

在民法中,法律并非绝对不可变,而是广泛地保留了根据当事人的意思进行自由约定的空间,只有在当事人没有对某一事项进行约定时,民法才作为补充规则出现,这就是民法(债权法)的最大特征。当然,创造规则的自由仅存在于"合同当事人之间"这一个小世界中。而且,即使在这个有限的小世界里,法律也不得不引入一些修正性的原则来应对近年来个人之间的不平等、不对等的现象(合同自由原则的限制)。但是,在大家学习民法时,还请牢记"约定规则为主,法律规则为辅"这一基本原理。

第8节　小结：民法学习的思维方式

民法作为一门法律也有着规范性的一面,但在各个法律科目中,民法的规范性是最弱的。民法总则及物权法在规范性上有着很大的意义,但在债权法的合同部分中,法律不过是将已往人们所进行的各种合同交易吸收进法典中,并将其规定为意思决定的判断标准。债权法首先尊重当事人所表明的意思,如果当事人没有表明意思,再适用被认为是一般当事人的意思去制定的各项规定,而不会强制适用法律规则。

2017年的民法修订中,提高了对合意的拘束力(即当事人的约定)的意义的重视,并在立法中体现出了这一点。

这意味着,民法学习的要点并不是"背诵必须遵守的规则",而是去思考"民法为实现当事人间的公平而创设的基本规则的意义"。

导引到此结束,我们马上就要进入民法内容的学习。

在本书下面的内容中,原则上使用于2020年4月1日施行的民法修订版的条文。

第 2 章　民 法 总 则

第 1 节　民法总则的性质与学习的顺序

如第 1 章解释民法典的构成时所述,日本的《民法典》由总则、物权、债权、亲属、继承这 5 编组成。如前所述,在学习时将这 5 编中的前 3 编称为财产法,后 2 编称为家族法或身份法;虽然就名称而言总则像民法全体共通的规则,但其实际内容是与后面的物权、债权这 2 编相关联,故应将其视为财产法共通的规则。因此,作为学习的顺序,理应从总则(在教科书中称为"民法总则")开始学习。虽然实际上很多大学也是采用这样的课程安排,但有一个问题,若是从民法总则开始学习,一般都较为枯燥,这也是我自己学生时代的体会,现在也有不少学生都有这样的感慨。

如第 1 章所述,首先将总则放在前面的编排被称为潘德克顿(Pandectae)系统,其为模仿德国民法的(准确地说是其草案)形态。明治 20 年代末期起草现在的《日本民法典》(作为 Boissonade 旧民法典的修正)时,采用了当时作为最新的民法典拟定中的德国民法草案的编排系统(但如第 1 章所述,《日本民法》却未完全是德国民法式的内容,大致而言其各受德国民法和法国民法一半的影响,有的地方明显更多受到了法国民法影响)。虽然将该共通规则放在前面的系统确实比较符合逻辑,但若先学习总则,则将在尚不知如何处理各个具体事例的情况下学习共通规则,这必将令人感到抽象,从而使学习变得缺乏现实体验。

第 1 章将作为权利关系的发生原因的合同内容(即债权法)列为最具民法色彩的部分,为了避免出现上述弊端,也有学者认为从该部分开始学习最具现实感、比较容易理解。即在学习物的买卖合同的同时,逐渐学习债权和物权共通的总则规定内容[拙著《スタートライン債権法》(日本評論社 2017 年出版的第 6 版)即为持该意见的民法入门书,参见后述第 10 章第 2 节为初级者所列的文献指南]。虽说如此,不单是大学的法律系,就连经济系和商学系设置的民法相关科目也大多将民法总则列为第 1 部分。这样的话,大学生按照大学课程安排学习民法时,从民法总则开始学习总归损失较小。因此,本章在从民法总则开始学习民法的前提下,在考虑到应注意哪些事项以及按照什么顺序学习比较易懂、有趣的同时,本书尝试作出以下说明:

其一,正是上述内容的逆向思维,即在学习过程中经常在大脑中浮现具体的事例;其二,在学习过程中,理解这些共通规则在民法整体中的意义和定位。即便如此,目前充分注意这两点的民法教科书似乎并不多见。因此以下在阐明总则中的学习顺序和重要度的同时,要充分理解到上述两点的内容。具体而言,尽量在更多的情形下学会通过列举买卖合同的事例展开学习。

第 2 节　关于民法总则的学习

1. 民法总则的要点和学习的顺序

请回想第 1 章所叙述的内容。民法最重视的是通过我们的意思进行自治。因此,在民法总则的规定中,首先应学习人所具备的"可表示意思的能力"以及"可进行发生法律性人际关系的行为能力"。其中,关于没有完全判断能力的人,采取的是通过由别人辅助其作出意思表示来对其加以保护的措施。

其次,应学习具备完全判断能力的人通过互相作出意思表示缔结法律关系时出现的各种问题。这部分恐怕是民法总则中最重要的内容。即从可通过所表示意思的能力使得其所期待的法律性效果发生的法律行为规定开始,还规定了具备完全判断能力的人基于误解作出意思表示(错误)时、因受骗而作出违背真意的意思表示(欺诈)时的处理办法(具体而言规定了无效或撤销的效果。民法这些的"效果",是指某项规定或制度被适用时会出现某种结果,并非是否见效的意思)。此外还包括由自己以外的人代为作出意思表示的代理制度的规定。

再次,应学习所谓的时效的问题。因为物权和债权均应考虑时效,所以民法在总则中设置了时效的规定。

最后,还有法人的问题。其实关于这部分内容,因为其与总则的其他规定相比难度较大,故本书认为即使是法律系的学生也应该在学习总则的最后阶段来学习。但在经济系或商学系,对于学习了企业的相关知识或对商法方面的法律有浓厚兴趣的人而言,或许这部分内容比法学院的学生更容易理解,并且其与将来的学习可能会有关系,因此即使在最后也应认真加以学习。

2. 民法总则最初的规定

在记住上述学习要点之后,就民法总则最初的规定,即《民法典》第 1 条和第 2 条所作出简单的说明。其中设置了所谓的理念规定,以及在仅靠其他规定无法充分应对的情形下适用的基础性的、一般性的规定。虽然前者的理念规定(《日本民法典》第 1 条第 1 款的"私权必须符合公共的福祉",《日本民法典》第 2 条的"本法必须以个人的尊严与两性的本质性平等为宗旨作出解释")很重要,但与具体的解释论很少发生关系。私权必须符合公共的福祉,是指个人自由享受和行使权利应与社会的健康发展保持协调,并非指公权可以限制个人权利。《民法典》第 2 条是理所当然的规定。

虽然后者的《日本民法典》第 1 条第 2 款的信义诚实原则与第 1 条第 3 款的权利滥用原则讲的是一般理论(将这样的规定称为"一般条款"),但在现实的解释论中通过各项具体规定无法充分应对的情形下,作为解决问题的最后的协调手段得到适用(例如,"在这种情况下采取这样的法律手段违反信义则而不被允许""在这种情况下行使这样的权利作为权利的滥用而不被允许")。特别是信义原则(信义诚实的原则)实际上相当频繁的出现,就法技术而言可在多大程度上依赖这样的一般条款是个重要问题,在此仅对其作概略性的理解(参见《日本民法典》第 10 章)。

上述《日本民法典》第 1 条和第 2 条是昭和 22(1947 年)民法第 4 编、第 5 编全面修改时,总则编最先追加的规定,当时为第 1 条与第 1 条之 2,平成 16(2004 年)的现代语化修改时修改为第 1 条与第 2 条(之所以会有第 1 条之 2 等条文序号,是因为全体的条文序号因追加条文,全部变动会引起各种不便,故在追加条文时采取这样的条文序号)。明治 29(1896 年)《日本民法》制定时的第 1 条"私权的享有从出生开始"现在修改为第 3 条第 1 款。

第 3 节　民法总则的学习重点

1. 意思表示与法律行为

以下按照上述学习顺序(与条文的顺序有所不同),对民法总则中应学习的重点加以列举和说明。

(1) 意思表示

首先要学习的是意思表示这一民法中极为常见的用语。意思表示,是指向对方传达,即表示自己的意思以形成一定的法律关系。其中应注意的是,具有通过表示的意思创造出该意思所指的法律性关系之效果的才是民法所说的意思表示,并非向对方传达自己的想法的行为均为民法上的意思表示。例如,想向恋人表达爱慕之情，即使是下定决心才说出口，也不是民法所说的意思表示。再如，在车站的便利店，拿出一百日元轻松地告诉店员"我要买这个口香糖"的情形反而是典型的意思表示。这是因为，用一百日元购买口香糖是为了使买卖合同发生的要约，卖方承诺后买卖合同即成立，从而形成买方与卖方的法律关系，并且双方均发生债权债务。用一百日元购买口香糖的要约是意思表示，对此作出的承诺也是意思表示。意思表示从到达对方之时起买卖合同生效（到达主义。《日本民法典》第 97 条第 1 款）。

（2）法律行为

其次要学习的是法律行为。虽然其为民法学习中频繁出现的用语，但却并不难懂。法律行为是以上述意思表示为构成要素，即通过意思表示，使该意思所期待的法律效果发生。因此上面列举的合同是代表性的法律行为。合同是由方向相反而一致的意思表示构成的法律行为。例如，想以一定价格出售商品与想以一定价格购买商品的意思表示。法律行为还包括像遗嘱一样的单独行为。遗嘱是遗嘱人独自在遗书中作出将财产给谁的意思表示，并发生其所期待的法律效果，这样的行为为单独行为。此外，共同行为也是法律行为的一种。例如，公司的设立，是复数的人将意思表示的方向对准同一目的并达成一致。因此，法律行为的内容包括合同、单独行为和共同行为，但可以说大部分是合同。由此可见在学习民法总则的基本规定的阶段，就要具体考虑债权法中的合同等问题。

（3）违反公序良俗的法律行为

如前所述，虽然在合同自由的原则下我们可以自由地订立合同及创造出各种债权，但不能订立具有反社会内容的合同。关于这一点，民法在其总则的第 90 条中规定了违反公序良俗（公共秩序、善良风俗）的法律行为无效。但在考虑违反民法第 90 条的具体事例时应注意的是，像吸食毒品虽然是违反了公序良俗，但其并非以意思表示为要素的法律行为，而只是行动、事实行为。而合同则是具有代表性的法律行为，故在考虑违反公序良俗的合同的具体事例时，像授人金钱让其进行犯罪行为的合同、买卖违禁毒品的合同等均违反了公序良俗（作为违反第 90 条的例子，列举"吸食违禁毒品"的例子是错误的，正确的应该是"订立违禁毒品的买卖合同"）。赌钱麻将等赌博合同也违反公序良俗。这样的合同无效，无效的合同不会发生债权。因此，即使约定赌博输了要支付金钱，法律上也不会发生支付的债务。

2. 限制行为能力人的保护

（1）意思能力与行为能力

接下来要学习的是意思能力与行为能力。如前所述，人从出生时起就作为一个人拥有权利能力，即拥有成为法律上的权利义务的主体的资格。但要将自由形成的自身的意思传达给他人以形成法律性关系,则需要拥有可自己作出意思决定的能力,民法将这样的能力称为意思能力。例如,因精神异常等无法正常作出判断的人,即没有意思能力的人,在民法上称为无意思能力人。无意思能力人与他人订立合同,该合同没有效力,即不会在其基础上发生法律关系(《日本民法典》第 3 条之 2)。

然而,若需要在每个具体事例中一一确认特定的人是否拥有意思能力,则将花费太多时间,而且还将出现难以确认的情形。因此,民法对拥有可自己判断法律行为的能力,即行为能力的人与并非如此的人,按照一定标准进行分类,将欠缺意思能力的人或判断能力不完全的人作为限制行为能力人。出于保护这些人的目的,设置了限制行为能力人只能进行部分法律行为的规定,以及必须得到他人的同意或援助的规定(《日本民法典》第 5~19 条。以下括号内记载的条文中省略法律名的均为民法条文)。但另一方面,也有必要保护在不知道对方是限制行为能力人的情况下订立合同的人,民法对此也设置了相关规定(参见《日本民法典》第 20 条、第 21 条)。

关于权利能力,人从出生时起就当然拥有作为成为权利主体的资格的权利能力。但这样的话,在父亲于胎儿出生的稍早之前死亡的情形下,胎儿就还没有继承父亲遗产的权利(关于继承在本书的第 9 章中进行说明),此外即使该父亲的死亡原因是交通事故等侵权行为(将在本书的第 5 章中进行说明),胎儿也无法成为损害赔偿请求的主体。因此,关于侵权行为造成的损害赔偿(《日本民法》第 721 条)、继承(《日本民法》第 886 条)及遗赠(《日本民法》第 965 条),民法规定将胎儿看作已出生的人。另外外国人原则上也拥有权利能力(《日本民法》第 3 条第 2 款)。

以下叙述的限制行为能力人也只是行为能力受到限制,并非权利能力受限。

(2) 限制行为能力人

具体而言,民法规定的限制行为能力人包括未成年人(《日本民法》第 4 条规定为未满 20 岁的人。成人年龄通过法律修改将降至 18 岁)、成年被监护人、被保佐人、被辅助人这四种。关于这一点,从民法制定后至 2000 年 4 月,一直以无行为能力人的称谓,规定了未成年人、禁治产人、准禁治产人这三种。禁治产人,是指禁止处分或管理自己财产的人。准禁治产人,是指程度相当于禁治产人的人。但这些用语因措辞较为强烈而欠妥,并在制度上对成为对象的人的保护有所欠缺。随着社会趋于老龄化,有必要加强对因年龄原因缺乏判断力的老年人的保护。从这样的观点出发,为了增强老年人和精神病患者的福祉,进行了创设成年监护制度的民法修改(1999 年 12 月成立,2000 年 4 月施行)。通过该修改无行为能力人一词被改为限制能力人,进而在 2004 年的现代语化修改中被改为限制行为能力人。

作为修改后的未成年人以外的限制行为能力人,禁治产人被改为成年被监护人，准禁治产人被改为被保佐人，进而新设了被辅助人制度。例如，关于因精神疾病而对事物没有判断能力（法条上是事理的识别能力）的人，在家庭法院①应本人、配偶或其他近亲等的申请作出监护开始的审判的情形下，受到审判的人称为成年被监护人，其被指定了成年监护人，成年监护人可撤销成年被监护人所作出的法律行为（《日本民法》第 8～10 条）。另外，关于程度虽不如成年被监护人，但事物的判断能力明显不充分的人，通过保佐开始的审判成为被保佐人并被指定了保佐人，进行法律规定的一定的行为需要保佐人的同意，未获得同意而作出的行为可被撤销（《日本民法》第 11、12、13 条）。此外，关于轻度缺乏判断能力的人，通过审判成为被辅助人并被指定了辅助人，进行当事人选择的特定的法律行为需要辅助人的同意（《日本民法》第 15～17 条）。

（3）限制行为能力人的保护

① 限制行为能力人的行为的撤销

作为保护限制行为能力人的具体手段，设置了可撤销限制行为能力人所作出的法律行为的规定。如后所述，撤销是指追溯到最初不存在（参见本属于本章 5 无效与撤销）。首先关于未成年人，例如还是高中生的子女在推销员的劝诱下订立了数十万日元的商品购买合同的情形，根据《民法》第 5 条规定，未成年人进行合同等法律行为必须获得作为法定代理人（法律规定的代理人）的父母（亲权人，若无亲权人则为监护人）的同意，在未获得同意的情形下，本人或父母可将购买合同撤销使其不存在（关于可撤销的人即撤销权人，后面列举的《日本民法》第 120 条规定为限制行为能力人本人或其代理人、继承人或同意权人）。因为亲权人是法定代理人，所以不仅拥有管理本人财产的权利，还可以代理本人进行与本人财产相关的法律行为（合同等，关于代理后述）。但经父母指定使用目的并允许处分的财产，或像零花钱等未指定使用目的就允许处分的财产，未成年人可自由随意地作出处分（《日本民法》第 5 条第 3 款）。此外，若未成年人结婚则看作已是成年人（《日本民法》第 753 条）。

如前所述，成年监护人是成年被监护人的法定代理人（《日本民法》第 8 条）。成年被监护人作出的法律行为也可以撤销（但日用品的购买及其他日常生活的相关行为不属于撤销的对象。《日本民法》第 9 条）。被保佐人则被指定了保佐人（《日本民法》第 12 条）。虽然被保佐人自己可进行部分行为，但对于处分财产的重要行为，必须获得保佐人的同意（《日本民法》第 13 条第 1 款）。若未经同意或未经代理同意的法院的许可就作出上述行为，则可加以撤销（《日本民法》第 13 条第 4 款）。通过 1999 年民法修改，在被保佐人擅自作出属于同意权的对象的行为的情形下，保佐人被赋予撤销权（《日本民法》第 120 条第 1 款），并且关于当事人通过申

---

① 家庭法院负责审理家事、婚姻纠纷和青少年违法犯罪案件。——译者注

请选择的特定的法律行为,保佐人通过审判也被赋予代理权(在本人以外的人提出申请的情形下,需要获得本人的同意。参见《日本民法》第 876 条之 4 第 1 款、第 2 款)。关于辅助制度,对于当事人通过申请选择的特定的法律行为,也可通过审判赋予辅助人代理权或同意权(取消权)(《日本民法》第 17 条第 1 款、第 876 条之 9 第 1 款。此时也从尊重本人决定的观点出发,以本人的申请或同意为要件。《日本民法》第 17 条第 2 款、第 876 条之 9 第 2 款)。

② 限制行为能力人的相对人的保护

那么在不知情的情况下与限制行为能力人订立了合同的相对人是否要一直等待限制行为能力人作出撤销合同与否的决定呢? 这样的话会使相对人长期处于不稳定的状态。为了避免出现这样不利的状态,民法设置了相对人可催告限制行为能力人一方决定是否追认(事后承认有效)合同的规定。

首先,在该限制行为能力人后来变为行为能力人的情形下(例如订立合同时的未成年人后来成年的情形),可催告其在一个月以上的期间内明确答复是否追认可撤销的行为,若在该期间内未得到明确答复,则看作其追认了该行为(《日本民法》第 20 条第 1 款)。在限制行为能力人一直是限制行为人的情形下,可对其法定代理人、保佐人或辅助人作出同样的催告,若未得到明确答复则看作追认(《日本民法》第 20 条第 2 款)。此外,对被保佐人或受到第 16 条的审判的被辅助人,可作出希望在一个月以上的期间内得到其保佐人或辅助人的追认的催告,若该被保佐人或被辅助人在该期间内未发出得到追认的通知,则该行为看作被撤销(《日本民法》第 20 条之 4 款)。

另外,若限制行为能力人使用了让对方相信其为行为能力人的欺骗手段,则不能撤销该行为(《日本民法》第 21 条)。

③ 任意监护制度

与 1999 年成立的民法修改相配套,《关于任意监护合同的法律》(任意监护法)得以成立,并同样于 2000 年 4 月开始施行。该法从尊重本人决定权的观点出发,允许在自己还有充分的判断力时决定将来判断力不足时进行监护事务的人(任意监护人),并与其订立合同。关于授予何种权限可在合同中任意决定,这就是所谓的任意监护制度。

3. 有问题的意思表示

(1) 序言

即使是具备行为能力且判断能力没有问题的一般成年人,也会出现作出不正确的意思表示,例如意思表示存在瑕疵的情形,或出现与所表示的内容相对应的意思完全不存在的情形。这时无法承认意思表示的效力。民法针对这种情形设置了撤销意思表示的效力或使其不发生效力的规定。

（2）受欺诈、胁迫的意思表示

首先，在受到欺诈、胁迫的情形下，例如因受骗或受强制而承诺卖掉本不想卖的房子的情形，可撤销该意思表示（《日本民法》第 96 条第 1 款）。如果意思表示被撤销，那么因为房屋的买卖合同是由"以该价格购买""以该价格出售"的双方的意思表示的一致而成立，所以若其中一方的意思表示被撤销则追溯到最初不存在，买卖合同也变为不成立。因为卖房合同不成立，所以若已交房则应返回，若已支付房款则应退还（这称为恢复原状。"原状"是指原来的状态，而非现状）。

关于因欺诈或胁迫而作出的意思表示，民法只作出了上述规定。之所以说只作出上述规定，是因为人们当然会产生进行欺诈或胁迫者是坏人故应受到惩罚的想法，但这并不是民法的问题（欺诈的情形属于是否构成《刑法》第 246 条的欺诈罪，若应由刑法加以惩罚）。民法的目的在于当事人的意思自治，若意思表示是在当事人自由决定的意思的基础上作出的，则承认其效力；若不是，则限制其效力。

虽然通常情况下交易的相对人进行欺诈的情形较多（例如 X 对 Y 进行欺诈，使 Y 将房屋廉价卖给 X），但有时也会出现第三方，即别人进行欺诈的情形（例如 Z 对 Y 进行欺诈，使 Y 将房屋廉价卖给 X）。此时，只有在意思表示的相对人（即若 Y 的意思表示存在问题则相对人为买方 X）知道欺诈的事实或本可知道的情形下才可以撤销（《日本民法》第 96 条第 2 款）。

另外，民法还规定受欺诈的意思表示的撤销不能对抗善意无过失的第三人（《日本民法》第 96 条第 3 款）。这里的"善意"第三人是指不知道事实的别人（所谓善意与恶意，在法律的世界里，善意指的是不知道相关事实，恶意指的是知道相关事实）。善意有时不仅指的是不知情，还含有在不知情的情况下，例如将交易的相对人当作正当的权利人而加以信任的意思。因此，善意者并不是指充满善心的人；相反故意陷害别人等的意图并非恶意而被称为"害意"等。即使没有积极损害他人的意思，但例如在明知别人已经订立买卖合同，却带着若自己插手购买该买主会感到困惑的认识购买同一物品的情形下，也被称为"背信性恶意"。例如，A 受到 B 的欺诈向 B 出售不动产，虽然已进行了所有权转移登记，但 B 只是口头答应付款却迟迟不支付，即使以欺诈为由加以撤销，在 B 已将该不动产作为自己的所有物，并作为从 C 借款的担保设定了抵押权（参见本书第 7 章第 2 节）的情形下，若 C 不知道 B 的欺诈且就不知情并无过失，则 A 也不能以撤销的效力对抗 C（对 C 无法主张已撤销，故不能否定 C 的抵押权）。虽然或许有人认为，若这样的话欺诈的受害者很无辜，但反过来说，在不知情且无过失的情形下以为是 B 的不动产（且已转移登记）而进行了交易的 C 也应得到保护。一般认为欺诈的受害者也有一定过错，这时民法设置了从相关当事人公平的观点出发作出判断的规定（在这种情形下，虽然欺诈的相对人应得到保护，但其前提是不牺牲不知道欺诈且就不知情并无过失的第三人的利益。此外,若是胁迫,则通常认为受胁迫者并无过错,即使存在善意无过失的第三人,也应保护受胁迫的表意人。因此,《日本民法》第 96 条第 3 款只是关于欺诈的规定)。

（3）错误的意思表示

那么,在并非本意而完全是误解的情况下作出表示的情形又如何呢? 对此,民法称之为错误,规定该意思表示可以撤销(《日本民法》第 95 条。2017 年修改前规定为无效,修改后变为撤销)。错误的部分在 2017 年修改中有较大改动。

错误包括:①意思表示所对应的意思的欠缺的错误(例如,在写售价的时候不小心少写一个零的情形等。《日本民法》第 95 条第 1 款第 1 项)、②表意人关于法律行为的基础事实的认识与真实情况不符的错误(例如,将未怀孕的马误认为怀孕的马购入的情形等。《日本民法》第 95 条第 1 款第 2 项)。后者即所谓的动机的错误。关于这些意思表示,2017 年修改的民法规定,在该错误比照法律行为的目的以及交易上的社会通念属于重要的错误时,可加以撤销(《日本民法》第 95 条第 1款。修改前使用的是“要素”的错误的措辞)。但在第 2 项规定的所谓动机的错误的情形下,只有在该事实被作为法律行为的基础得到了表示时(即动机得到了表示),才可加以撤销。

在错误是因表意人的重大过失而起的情形下(由于没必要保护表意人),不能撤销意思表示(《日本民法》第 95 条第 3 款)。但其存在例外,在相对人知道表意人存在错误或因重大过失而不知道时,或相对人与表意人陷入同一错误时,(由于没必要保护相对人)即使表意人存在重大过失也允许主张错误(《日本民法》第 95 条第 3 款第 1 项、2 项)。

上述撤销与欺诈的情形相同,不能对抗善意无过失的第三人(《日本民法》第95 条第 4 款)。关于这一点,也因为 2017 年修改将欺诈与错误的效果(关于要件、效果的含义,在法律的世界中,将为了使符合某规定(该制度得以适用)所需的必要状况称为“要件”(相对而言“条件”一词在法律上是像“如果考上大学那么就送你这辆车”一样,指的是“如果……那么”的形式)。“效果”则指的是某规定具备一定要件得以适用后将会如何。因此作为法律用语的“效果”并非“减肥有效果”那样的“起作用”的意思。)变为相同,所以可以说长期以来的问题得到了解决。

（4）心里保留

人有时会故意说谎。这种情况下不承认意思表示的效力就可以吗? 在该情形下,不知情的相对人会信以为真,因此民法将其称为“心里保留”(意思是保留在心里。因此是“心里”而非心理),规定在知道的情况下故意作出的开玩笑或说谎的意思表示有效。但相对人知其并非真意或本可知道时当然无效(《日本民法》第 93条本文、但书)。

2017 年民法修改时,在第 93 条第 2 款中新设了上一款但书规定的意思表示的无效不能对抗善意第三人的规定。即心里保留与下文中的通谋虚伪表示,第 94 条第 2 款相同,对善意第三人加以保护(参见下文中的虚伪表示的说明)。

(5) 通谋虚伪表示

与相对人通谋,即与之商议后作出虚假的意思表示。例如,A 和 B 之间出于躲避 A 的债权人的追债等理由,为了隐藏 A 的财产而约定假装将 A 的土地卖给 B。这属于虚伪表示(通谋虚伪表示)而无效(《日本民法》第 94 条第 1 款)。但在该情形下,如果信以为真的善意的 C 从 B 手中购买了该土地,那么 AB 之间的合同无效将使 C 蒙受损失,这时 AB 不能以虚伪表示的无效对抗善意第三人 C(《日本民法》第 94 条第 2 款)。虽然该规定本来的意思是即使作出与外观不同的约定也只在当事人之间有用,但现在作为外观信赖人的保护规定,在现实的不动产交易等纠纷中尤其以“类推适用”的形式发挥着重要作用(参见关于物权变动的部分,在本书的第 3 章第 2 节)。

4. 代理、无权代理、表见代理

(1) 意思自治与代理制度

虽然就意思自治的原则而言,人可以通过自由意思制造法律关系,但自己一个人的活动范围有限。另外在上述限制行为能力人的情形下,因为本人不具备完全的意思,所以必须有人对其意思加以补充。因此,民法设置了由他人代替自己作出意思表示,并将其当作自己的意思表示发生法律性效果的制度。这就是代理。因此可以说代理对限制行为能力人而言是意思自治的补充性制度,而对具备普通判断力的成年人而言是意思自治的扩张性制度。

(2) 法定代理与任意代理

代理分为法定代理与任意代理。对未成年人而言父母等是法定代理人,其地位是由法律赋予,而一般进行的是通过合同向特定的人授予代理权的任意代理。成为代理人者必须在表明是为了本人而为(其被称之为显名主义)之后才进行法律行为,这样其效果就归属于本人,即与本人亲自为之效果相同(《日本民法》第 99 条)。相反为了保护相对人,代理人在不显名的情况下(并且处于根据周围的情况也无法得知本人是谁的状态)作出的意思表示看作代理人是为了自己作出的行为,其效力归属于代理人(《日本民法》第 100 条)。但在相对人知道代理人的代理意思(“为了本人而为”)或应该知道的情形下,效果归属于本人(《日本民法》第 100 条但书)。

代理的效果全部归属于本人,代理人不会蒙受任何损失,因此上述限制行为能力人也可以成为他人的代理人(《日本民法》第 102 条)。但在具备行为能力的人成为代理人的期间受到上述监护开始的审判的情形下,代理将会终了。代理人的破产、本人或代理人的死亡的情形也同样如此(《日本民法》第 111 条第 1 款)。虽说效果完全归属于本人,但实际上作出意思表示的是代理人,因此在出现上述意思表示的瑕疵或善意、恶意的问题的情形下,关于所出现的问题原则上就代理人作出相应的判断(《日本民法》第 101 条第 1 款)。

此外,如果就同一法律行为成为相对人的代理人(自己代理)或成为双方当事人的代理人(双方代理),那么看作没有代理权的人进行的行为(即成为后述的无权代理),但若本人事先同意则可以进行该行为(《日本民法》第 108 条)。

(3) 无权代理和表见代理

若他人在没有代理权的情况下谎称是代理人并订立了合同将会如何？这被称为无权代理,只要本人不加以追认就不会发生效力(《日本民法》第 113 条第 1 款)。为了保护本人这是理所应当的。在该情形下,相对人可请求无权代理人代为履行合同或作出损害赔偿(《日本民法》第 117 条第 1 款)。

但在本人违背事实向相对人作出向某人授予了代理权的表示的情形,或虽被授予了代理权但超出权限范围进行代理行为的情形,或虽然过去向某人授予了代理权但已消灭且未通知相对人的情形下,有必要对信赖该外观的相对人加以保护。因此民法设置了表见代理制度,规定相对人善意无过失的信赖该外观时本人必须负责。第 109 条的代理权授予表示下的表见代理、第 110 条的权限外行为的表见代理、第 112 条的代理权消灭后的表见代理即是如此(虽然第 109 条此前并未明确设置善意无过失的要件,但 2004 年修改时追加了明文规定。此外第 110 条的"正当的理由"中包括第三人的善意无过失)。

表见代理在现代的交易中发挥着重要作用。这样的保护交易的第三人的做法的前提是一方面真正的权利人(这里是本人)存在某些归责事由(作出授予代理权的表示并置之不理),另一方面加入交易的第三人存在善意无过失的信赖(这里是对该代理人有正当的代理权的信赖),在此基础上才使表见代理成立以保护第三人,这样的法理一般称为外观信赖保护法理(权利外观法理、表见法理)。

5. 无效与撤销

民法中的无效是指从一开始就不产生任何效果。其中包括像《日本民法》第 90 条的违反公序良俗的法律行为那样反社会性的法律行为法律上绝对无效的情形,以及像上述心里保留那样为了保护当事人而规定的无效的情形。另一方面撤销则是在被撤销之前暂且有效,被撤销时看作从一开始就无效(《日本民法》第 121 条)(关于推定与视为的含义,法条中的"推定"是指暂且推定是这样,允许当事人通过相反的证明,即事实并非如此的证明加以推翻。相比之下"视为"是指法律是这样决定的,无法通过相反的证明加以推翻),即被作为追溯到最初未产生任何效果(所谓的有溯及力)。另外对具有被撤销可能性的行为也可以事后加以承认,例如未经父母同意订立的买卖合同可由父母事后加以承认(称之为追认),其也具有溯及力(《日本民法》第 122 条)。但无效的行为从一开始就无效,因此无法通过事后追认变为有效(《日本民法》第 119 条)。民法第 120 条就可进行撤销的人(撤销权人)作出了规定(仅限于未成年人等限制行为能力人本人,或受欺诈等而作出意思表示的人,以及这些人的代理人或继承人)。虽然无效的行为不会随着时间的推移变为有效,但可撤销的行为会随着时间的推移变为无法撤销,最终确定为有效(撤销权从可追认时起 5 年内或行为时起 20 年内若不行使,则将因时效而消灭。《日本民法》第 126 条。参见本章第 3 节时效)。

6. 条件、期限

(1) 序言

在进行法律行为时,当事人可使其不立即发生效力,而在将来的某个时间,或将来发生某些事实时生效(或相反因此失去效力)。这就是条件、期限的问题。条件与期限的不同在于,条件取决于成功与否并不确定的事实,例如若注册会计师考试合格;期限则是像明年年初或到成年为止那样,该时期的到来(事实的实现)已经确定。

(2) 条件

条件包括以下两种。通过条件的成就使(此前暂时停止的)效力发生的情形被称为停止条件,通过条件的成就使法律行为进行时起就已经发生的效力消灭的情形被称为解除条件(《日本民法》第 127 条)。例如,"若考上大学则提供奖学金"是附停止条件的赠与合同,"送你这个手表,但若在大学里留级则需返还"则是附解除条件的赠与合同。在条件没有成就可能性的情形(称之为不可能条件)下,停止条件因不会发生效力而无效,而解除条件因不会失效而属于无条件(《日本民法》第 133 条)。此外,在因条件成就蒙受损失的人故意妨碍条件成就的情形下,相对人可看做条件已经成就,相反在因条件成就获利的人通过不正当手段使条件成就的情形下,相对人可看作条件并未成就(《日本民法》第 130 条)。

(3) 期限

虽然期限是与确定将到来的事实相关,但也分为以下两种类型。确定期限是像从明年 4 月起等一样,明确规定到来时期,而不确定期限是像下次台风到来等一样,虽确定会到来但时期不明。期限到来前当事人所享受的利益被称为期限的利益。例如若以 3 月末为偿还期限,则债务人在 3 月末前享有不用支付的期限的利益。只要不给相对人造成损害,就可以放弃期限的利益(即使偿还期限是 3 月末,也可以在 2 月末支付。《日本民法》第 136 条第 2 款)。虽然期限的利益被推定为是为了债务人的利益(《日本民法》第 136 条第 1 款),但在存在使债务人丧失信用的事实或行为的情形下,期限的利益将会丧失(《日本民法》第 137 条)。民法所规定的行为包括债务人的破产程序开始的决定等,当事人也可经协商事先在合同中规定债务人丧失期限的利益的情形(称之为期限的利益丧失条款)。实务中几乎所有的金钱消费借贷合同(金钱的借贷合同。参见本书第 4 章第 3 节)均附带期限的利益丧失条款。例如,贷款合同中规定贷款人几次拖欠还款就将丧失期限的利益(若丧失期限的利益,则必须立即偿还剩余的贷款)。

7. 时效

(1) 消灭时效与取得时效

下面要说明的是时效。或许大家通过电视剧等对刑事法上的时效较为熟悉,但民法上关于债权和物权也存在时效,在总则中设置了相关规定。其分为消灭时效和取得时效这两种类型。其中或许消灭时效更容易理解。例如,民法第 166 条第 1 款规定,关于普通的债权(一般人的借款债权等),从债权人知道可行使权利之时(主观性起算点)起 5 年内、可行使权利之时(客观性起算点)起 10 年内,若不行使则将消灭。关于人的生命或身体受侵害的损害赔偿请求权,在债权人不知道可行使权利的情形下,(为了给受害者充分的保护)消灭时效的期间为 20 年(《日本民法》第 167 条)。关于债权以外的财产权(除了所有权),从可行使权利之时起 20 年内若不行使则将消灭(《日本民法》第 166 条第 2 款)。

相反取得时效是指若长年将他人的东西当作自己的东西持续使用,则将变为该人之物,原本的所有者无法要求返还该物。《日本民法》第 162 条规定,关于所有权的取得时效,若对他人之物带着自己所有的意思平稳且公然(指的是没有纠纷且为众人所知的状态)地加以占有,即在自己的支配下持续持有或使用的时间达到 20 年,则将取得该所有权;在不动产的情形下,若占有开始时善意且无过失。如前所述,这里的善意所指的并非有善心,而是不知道相关事实,即占有开始时不知道自己并非真正的所有者,并且对不知情并无过失,也就是说处于即使不知情也不应该被责备的状态,则取得时效为 10 年(《日本民法》第 162 条第 2 款)。

这里应注意的是所有权并没有消灭时效(其他物权有 20 年的消灭时效)。因此,即使 A 对自己的土地置之不理几十年,所有权也不会自然消灭。即使 A 在土地处于空地的状态下死亡,其配偶或子女也将对土地加以继承。但若有他人 B 像所有者一样住在 A 的土地上,而 A 及其家人未提出任何异议,则经过 20 年以上 B 将通过时效取得该土地,这样 A 就无法要求返还该土地,作为反射性的效果丧失所有权。

（2）时效期间的计算

一般情况下，除了部分情形，期间的计算根据民法第 1 编第 6 章的规定进行（《日本民法》第 138 条。部分情形是指，其他法令所规定的情形、法院的命令所决定的情形、合同等法律行为的当事人事先决定的情形）。

作为原则性的期间的计算方法，例如今天白天说"钱借 1 个月"，则除掉今天的零头时间，从明天起算（《日本民法》第 140 条本文）。其被称为"首日不算入的原则"。但作为例外，例如"下个月 3 日起的 3 天"的情形，首日的 3 日也计算在内，期间为 3 日到 5 日（《日本民法》第 140 条但书）。

在以周、月或年规定期间的情形下，根据日历（不论大月或小月等天数的多少）计算（《日本民法》第 143 条第 1 款）。若不从周、月或年的第一天起算，则期间截至最后的周、月或年的与该起算日相同之日的前日（《日本民法》第 143 条第 2 款本文）。

期间的计算看似复杂，其实简单。例如，若应于 2010 年 3 月 31 日偿还的借款一直未被要求还款，则 10 年的时效以次日 4 月 1 日为起算日，到 10 年后的 4 月 1 日的前日 2020 年 3 月 31 日的晚上 12 点完成。

（3）时效的更新与完成犹豫

因为时效通常是为了尊重长期持续的事实状态，而赋予某些权利或使其消灭，所以在真正的权利人作出权利主张并得到确定性承认，或者将通过时效取得的无权利人或不予以偿还的债务人承认真正的权利人的权利的情形下，就没有必要肯定事实状态的持续，故时效将被重新设定，（若没有现实的权利行使）从那时起（从零）重新开始计算。这就是所谓的更新（《日本民法》第 147 条第 2 款、第 148 条第 2 款、第 152 条）。

这里应注意的是在更新的情形下时效计算一度归零，若没有权利行使则再度从零开始计算。即如果 5 年的消灭时效经过 3 年后更新，则更新后即使又经过了 2 年依然不够，时效也要再经过 3 年才完成。

另外还有一项时效的完成犹豫的制度。其为 2017 年修改时新制定的概念，例如在自称权利人的人提出了请求的情形下，在确认其确实拥有权利之前，暂时停止时效期间的进行（2017 年修改前存在类似的时效"停止"的制度，即在时效即将完成时若存在权利人无法顺利更新的情况，则暂时停止时效期间的进行。修改后该制度也被归入完成犹豫）。完成犹豫只是时效暂时停止，并不归零。权利的所在得到明确后，完成犹豫就将结束，从那时起若权利未得到行使，则时效将迎来新的更新（在权利未得到确定的情形下，完成犹豫这一暂时的停止将会解除，时效期间将继续进行）。

例如，完成犹豫的事由包括诉讼上的请求（即不包括只是催促后寄请求书等情形）、支付督促的申请、诉讼上的和解、民事调停、家事调停的申请、破产手续参加等

(修改后《日本民法》第 147 条第 1 款)。即在上述事由终了前(例如在诉讼得出结论前,或在权利未得到确定诉讼就结束的情形下,诉讼结束时起经过 6 个月之前)时效不会完成。在确定判决等权利得到确定的情形下,其将成为"更新"事由,如果权利得到确定后一直未被实现,则时效将从权利确定时起更新后再度重新开始进行(《日本民法》第 2 款)。

关于更新与完成犹豫的含义,更新是时效的重新设定,完成犹豫是指暂时停止。重新设定后将从零开始重新计算。暂时停止则是解除后时效期间继续进行("更新"在 2017 年修改前被称为"中断",修改后只有第 164 条仍然使用中断一词)。

(4) 时效的援用与放弃

另外应注意的是民法的时效即使过了规定的期间后完成,也不会仅因此权利就自动消灭或被取得,而必须由有意享受该时效利益的人加以援用,即像表示已因时效消灭故不支付、取得时效已完成故为自己之物一样,为了自己的利益主张时效。时效也可能存在有悖道义的一面,因此是否享受该利益最终由本人的意思决定。若本人不援用时效,则法官不能加以强制(《日本民法》第 145 条)。时效的利益可在时效完成后加以放弃(146 条的逆向解释)。例如,若借款人认为虽然钱已经借了 10 年以上,但借钱给自己的人于己有恩故还是要还款,则可以放弃时效的利益还款。

(5) 时效制度的存在意义

关于时效制度的存在依据,有人认为是为了承认长期持续的事实以实现社会的法律关系的稳定,也有人认为是对躺在权利上睡觉的人不予保护,还有人认为无论如何,经过长时间后权利的证明将变得困难。究竟持何种观点与学者各自的时效观的不同也有关系,关于时效的意义及法律性质有众多学说。

8. 法人

(1) 序言

关于企业等,民法将其比作人而赋予"法人"的资格,作为法律性的活动主体加以承认(相比法人,我们个人也被称为"自然人"。其并非"野生的人"的意思)。作为法人加以承认被称为赋予法人格,被赋予法人格后与自然人一样,可成为独立的权利义务的主体。关于法人,民法以往设置了众多条文。但在后面提到的 2006 年 6 月关于公益法人制度改革的三项法律公布后,民法典的法人的规定变为仅剩 5 条,其他均交由三项法律之一的一般社团与财团法人法来作出规定(这三项法律于 2008 年 12 月 1 日起开始施行)。

(2) 社团法人与财团法人

私法领域的法人分为社团法人与财团法人。大致而言,社团指的是人的集合,财团指的是财产的集合(当然财团作为运用财产的组织也需要人)。关于社团,例如公司等,有必要将社团即人的集合体与其代表人个人作为不同的法律主体加以承认,这点较为容易理解(例如买卖合同,有必要承认不是代表人个人购买,而是公司成为买主的情形)。但并非人的集合全部都成为社团(与社团相比,也有合伙这一更体现参加者个人的个性的集合,参见本书第 4 章 9)。那么为何有必要向财产的集合体赋予法人格呢? 其所考虑的并不是汇集资金通过运用后赚钱的情形,而是将一定的财产出于公益(不特定多数人的利益)目的献给慈善事业、学校、医院等的情形,向在限定的目的内活动的财产和组织赋予独立的法律主体的性格,使其可以开展活动。

社团法人进一步分为营利社团法人与公益社团法人。前者的营利目的的社团法人是指所谓的公司,其应遵守公司法的规定。因此,民法在 2006 年修改前设置的是关于公益目的的社团法人与财团法人的规定。此外,还存在众多为民法、公司法以外的特别法所承认的法人。公益法人被定义为开展祭祀、宗教、慈善、学术等事业,以不特定多数人的利益为目的的法人。

社团法人的根本规则被称为章程。其中必须记载目的、名称、事务所、设立时的成员的姓名等、成员资格的取得和丧失规定等(一般社团与财团法人法第 11 条第 1 款)。财团法人方面,旧规定将规定根本规则的书面也称为"捐献行为",但新法改称为章程。其中也必须记载目的、名称、事务所、资产规定、评议员、理事、监事的选任事项等(一般社团与财团法人法第 153 条第 1 款)。

(3)一般社团法人与一般财团法人

民法以往规定的公益法人可享受税收上的优惠等。因此随着经济活动日渐活跃,出现了民法上的公益法人被滥用的情况,并成为了社会问题。因此,为了从根本上改变民法的法人的观念,并作为团体组织法设置更为详细的规定,进行了被称为公益法人制度改革三法的立法(2006 年公布),很多规定从民法被移到了三法。第一项法律为关于一般社团法人及一般财团法人的法律(简称为"一般社团与财团法人法"),第二项为关于公益社团法人及公益财团法人的认定等的法律(简称为"公益法人认定法"),第三项为关于相关法律的整理完备等的法律(简称为"整备法")。

其中,为了促进民间的非营利活动的健康发展,改变了公益法人的设立许可通过主管部门的自由裁量进行的制度(日本旧民法规定第 34 条),首先创设了只要按照规定登记即可设立一般社团法人与一般财团法人的制度,其次另外创设了这些法人成为公益法人的公益性认定制度(即虽然法人简单的就可以设立,但要成为公益法人必须另外接受严格的认定)。

(4)法人的机关

虽然法人被比作人,但不论是社团、财团还是法人均无法自己行动,因此需要进行运营的组织。相关组织就是法人的机关。

①意思决定机关，其在社团法人中是指由作为成员的"社员"（所谓社员，民法或商法中的社员指的是"社团的成员"，而并非公司等雇佣的员工。例如作为营利法人的股份公司的"社员"指的是"股东"。）组成的"社员大会"。财团法人（因为是财产的集合）没有社员或社员大会的概念，因此以往规定设立人的意思起决定性作用，而新法则规定必须设置评议员会（一般社团与财团法人法第170条第1款）。②业务执行机关，其在社团法人与财团法人中均指的是理事，且理事必须设置（旧民法规定第52条第1款，一般社团与财团法人法第60条第1款、第170条第1款）。③监督机关，其指的是监事，虽然以往并非必须设置的机关（旧规定第58条），但新法从重视监督机能的观点出发，规定设置理事会的一般社团法人及设置会计监查人的大规模一般社团法人必须设置监事，并规定监事为一般财团法人的必须设置的机关（一般社团与财团法人法第61条、第170条第1款）。

（5）法人的设立主义

关于法人的设立，根据国家的干预程度分为几种不同主义。按照严格的程度可进行以下排列：①特许主义，即为了承认一个法人而制定特别的法律，例如作为央行的日本银行等；②许可主义，即由负责监督的主管部门通过自由裁量批准设立，其为以往民法关于法人设立的立场（旧民法第34条等）；③认可主义，即若全部满足法律事先规定的要件，则主管部门必定允许设立，私立学校的设立即为如此（根据私立学校法）；④准则主义，即只要建立法律规定的一定的组织并进行登记，无需行政部门的事前审查就可以设立，公司法中的公司、工会及新法中的一般社团法人与一般财团法人均为如此。

（6）法人的侵权行为

因为民法将法人比作人而承认其行为能力，所以当然也规定了其进行侵权行为（因故意或过失非法损害他人的行为）的能力（旧民法第44条规定，法人的理事或其他代理人（代表机关）作出侵权行为时，法人负有相关责任。随着上述新法的制定，该条文从民法中被删除，在一般社团与财团法人法中设置了相同规定）。但关于这一点，若不先学习债权法的侵权行为的内容（《日本民法》第709条以下，可以参考本书第5章），则当然无法充分理解。

（7）法人学说

关于法人在学说上有各种观点，认为其存在只不过是法将其拟制为自然人的法人拟制说与认为法人实际存在的法人实在说之间相互对立。虽然观点的不同对法人的各项规定的解释与说明有一定的影响，但初学者不应太过拘泥于这一点，而应先掌握民法的法人规定的概要（设立、能力、机关、消灭等）。

（8）无权利能力社团与中间法人

关于既非营利目的也非公益目的，为了作为成员的特定人群的利益考虑的团体（学生会、同学会、业主会等），以往只要特别法没有规定就无法成为法人，而作为"无权利能力社团"存在（虽然关于无权利能力社团民法没有规定，但判例和学说认为，无权利能力社团可以成为独立的交易主体或诉讼主体，但例如在取得不动产并进行登记的情形下必须使用其代表人的名义，在无权利能力社团因进行交易而负债的情形下不会追究成员的个人财产的责任，成员在退出团体时不能要求返还出资之物）。虽然 2001 年成立的中间法人法规定这些团体可取得法人格，作为"中间法人"管理不动产等团体财产，但 2006 年的新法废除了该规定，已有的中间法人作为一般社团法人继续存在。

9. 住所、失踪

（1）住所

民法总则还设置了关于住所等的规定。因为住所是决定在何处履行债务（《日本民法》第 484 条）、在何处开始继承（《日本民法》第 883 条）等的标准，所以在总则中设置了相关规定。总则规定，各人的生活的根据地为其住所（《日本民法》第 22 条），在住所不明的情形下将居所（居所是指，虽然一定期间持续在那里居住，但该居住者与该地区的关系不如住所密切的场所）视为住所（《日本民法》第 23 条）。关于"生活的根据地"存在是一处还是可以复数的争议，但例如在与妻子住在东京，而在大阪有事务所并在那里工作的情形下，根据不同的法律关系承认两处住所，工作上的法律关系将大阪视为住所的复数说是通说。住所在与选举权的关系上也存在问题。最高法院的判例指出，寄宿的大学生的住所为就学地（不必为了选举而回到家乡。但当然有必要将户籍移至寄宿的地方）。

（2）失踪（不在者的财产管理）

离开一直以来的住所或居所，没有轻易归来的可能性的人被称为不在者。关于不在者，若其财产一直被置之不理，则不仅对本人，对债权人或推定继承人也没有好处。因此民法规定，在不在者未设置财产管理人的情形下，家庭法院可根据不在者的推定继承人、债权人等利害关系人或检察官的请求，采取财产管理人的选任等必要措施（《日本民法》第 25 条第 1 款前段）。

在不在者 7 年生死不明的情形下，家庭法院可根据利害关系人的请求作出失踪宣告（《日本民法》第 30 条第 1 款）。遭遇乘坐的船舶的沉没等的危难，危难过去后 1 年生死不明的情形也同样如此（《日本民法》第 30 条第 2 款）。如果作出了失踪宣告，那么不在者被视为于生死不明达到 7 年之时，或危难过去之时死亡（《日本民法》第 31 条）。

　　"视为"与"推定"不同,即使本人实际上幸存,但只要失踪宣告不被撤销,宣告的效果就不会消失。在该情形下,如果根据本人或利害关系人的请求,家庭法院撤销失踪宣告,那么宣告将追溯到最初变为不存在。因此,以死亡为前提作出的法律行为原则上将变为无效,但不能给相信失踪宣告而作出婚姻或合同行为的人造成不测的损害,故在宣告后撤销前出于善意作出的行为依旧有效(《日本民法》第 32 条第 1 款但书),通过失踪宣告获得财产者只要在现在享受的利益的范围内进行返还即可(《日本民法》第 32 条第 2 款)。

第 3 章　物权法(1)——物权法总论

第 1 节　物权法之概要

1. 作为资产的"物"与物权

民法将我们所拥有的权利分为对物的权利与对人的权利。前者是民法第 2 编物权的部分,被称为物权法。

为了使学习经济学与会计学的人更容易理解,下面先从资产说起。例如,虽然会计学中的资产可能指的是具有企业将来获得收益的能力之物,但这里不考虑这么复杂的内容,只要考虑个人所拥有的财产即可。个人所拥有的财产包括土地、房屋等不动产以及家具、珠宝、绘画等动产,另外还有股票、应收账款、借款、存款等形态的债权。当然除此之外可能还有现金。其中,不动产或动产那样的有体物在民法中称为"物"(民法总则中第 85 条对物作出了定义)。人对"物"的直接支配权称为"物权"。因此,物权法的部分并非讨论作为资产的物的本身,而是讨论了规定人对物拥有何种形态的支配权。

关于主物、从物,原物、果实的含义,在二物之间存在客观性、经济性的主从关系的情形下(例如房屋与内部的家具等),将其称为主物与从物,在不损害第三人的利益的范围内,从物跟随主物的法律命运(例如若主物被出售则从物也一同被出售)。主物与从物必须属于同一所有者,从物必须是独立于主物之物(将房屋与外部隔开的门或纱窗则算不上独立于作为主物的房屋)。

由物而生的经济性收益物称为果实,生成果实之物称为原物。应注意的是果实并非只是指字面上的果实,按照原物的经济性用途,自然性、人工性的收获的东西称为天然果实(蛋、水果、羊毛、石材、矿物、砂土等)(《日本民法》第 88 条第 1 款),作为原物的使用对价应收受的金钱或其他东西称为法定果实(房租、利息等)

(《日本民法》第 88 条第 2 款)。

《日本民法》将土地与土地上的房屋作为分别独立的不动产来对待(也有国家将其作为一个整体来对待)。相比之下,土地上的树木原则上作为土地的一部分(《日本民法》第 86 条的定着物)来对待(被视为不动产),只有根据法律的规定或当事人的意思,才能成为独立的交易对象。

2. 物权的定义与物权法定主义

关于物权的定义前面已经作出了简要的说明(本书第 1 章第 5 节),就像在拥有手表的情形下,可自由使用该手表,还可以用它获得收益以及自由地进行处分一样,"人可直接支配某物的权利"称为"物权"。这样的话,作为可直接支配某物的权利的物权当然具有就该物的支配不受他人干涉的性质,以及对世间的任何人均可主张的性质。这样对世间的任何人均可主张的权利会对周围的人产生影响,若可由个人随意决定内容则将带来困扰。因此,民法第 175 条规定"物权除了本法或其他法律的规定,不能加以创设"。其意思是既不能通过合同等创造出与民法或其他法律的规定不同的种类的物权,也不能将物权的内容变为不同于民法或其他法律的规定。这就是所谓的物权法定主义。因此,关于物权的种类及内容的规定是不能通过当事人的意思变更的强制性规定。这与债权完全不同,债权可通过合同等自由创造(关于债权,只要不违反公序良俗,就可以通过合同创造出千差万别的形态的债权。债权之所以可自由创设,是因为其只拥有仅可拘束当事人的相对性效力)。

3. 物权的种类

(1) 所有权

接下来看看民法规定的物权的种类(人对物的支配权的类型)。不言而喻其代表为所有权(《日本民法》第 206 条)。手表的所有人可以自由地对其进行使用、收益、处分。即所有权是完全的、总括性形态的物权。那么何为并非完全的、总括性形态的物权?

(2) 所有权以外的限制物权

例如关于 A 拥有所有权之物,该物的权利的一部分可由他人 B 持有。这里应注意的是关于一物,相同种类的物权只能存在一个(即所谓的一物一权主义)。例如在一物由兄弟所有的情形下,是一个所有权由其共有,而不是兄弟各拥有一个所有权。关于一物的仅有的一个所有权,作为其机能,总括性的包括使用、收益、处分等全部机能,可以将其中一些机能分割出来给他人持有(就像虽然土地的所有权人是 A,但耕作该土地的使用权由 B 持有)。其被称为所有权以外的他物权或限制物权。

（3）用益物权

作为所有权以外的他物权的种类,民法规定了在他人土地上建造房屋等工作物而使用该土地的地上权(《日本民法》第 265 条以下),为了耕作或畜牧而使用他人土地的永佃权(《日本民法》第 270 条以下),为了实现自己土地的利益而在他人土地上通行或引水等的地役权(《日本民法》第 280 条以下),一定群体的人们可共同使用土地的入会权(《日本民法》第 263 条、第 294 条)。这些是与土地相关的利用他人之物的四种限制物权,其一般称为用益物权。即用益物权是以使用、收益他人的所有物为内容的,在该范围内受到限定的,或在该范围内限制所有权的限制物权。

（4）担保物权

此外,民法还规定了以实际上不使用他人拥有所有权之物,而只是确保该物之价值为内容的限制物权。实际上债权人在借钱给债务人时,通过掌握债务人的所有物的价值,作为债权回收的担保,其被称为担保物权(即债务人在借钱时在自己的财产设定担保,若逾期不还,则债权人可将用于担保之物出售,从出售的金额中回收借款,这就是所谓的担保物权)。民法规定的担保物权可进一步分为通过当事人的合同发生的约定担保物权,以及法律规定的在一定条件下发生的法定担保物权。作为约定担保物权,多数情况下是在动产即普通物上设定的质权(《日本民法》第 342 条以下。在不动产或债权等上也可设定质权),以及在不动产即土地或房屋上设定的抵押权(《日本民法》第 369 条)。作为法定担保物权,包括留置权(《日本民法》第 295 条以下)与优先受偿权(《日本民法》第 303 条以下)。

（5）占有权

另外还有一种被称为占有权的物权。其实物权编的顺序首先并非关于所有权的规定,而是占有权(《日本民法》第 180 条以下是占有权的规定),其与其他物权性质略有不同。关于所有权以下的物权,不论是总括性的还是部分性的权利,均为人对物所持有的法律上的实体性权利(本权),但占有并非如此,其为暂且不论实体性权利人如何,而先对现在正支配该物的事实状态进行保护的制度(在后面的第 2 节还将提及)。

因此,民法的物权编先从占有权开始,接下来按照所有权、所有权以外的用益物权、其他担保物权的顺序排列。其中,从最初的占有权开始,到所有权及用益物权的学问领域被称为狭义的物权法或物权法总论。剩下的担保物权的相关学问领域被独立地称为担保物权法。

4. 物权法总论与担保物权法的比较

物权法总论的部分在内容上理论性要素相对较强,并且其规定具有强制性规定的特征。相比之下,担保物权法具有机能性、技术性的特征,在金融交易等实务中可以说是非常重要的部分(金融实务中最经常出现关于担保物权法与债权总论部分的问题)。简单而言,物权法总论的部分围绕何为物权展开学习,而担保物权法则学习的是如何将物权活用于借款、应收账款等债权的担保、回收。正因为如此,若不懂交易实务则难以理解担保物权法的真正含义。因此,作为民法的学习顺序,物权法总论的部分可以在较早的阶段学习,而担保物权法的部分则可能适合稍微推后。首先理解物权法总论部分的基本要点,担保物权法放在后面与债权总论联系起来学习,其不失为一种可以推荐的学习方法。因此,本书就担保物权法在此只做简单的介绍,详细内容在对债权法进行介绍之后于本书的第 7 章展开说明。

第 2 节　物权法总论的学习重点

1. 物权性请求权

如前所述,物权是排他性的、绝对性的物的支配权,无论对谁均可以主张。因此,若该权利受到他人侵害,则从物权的基本性质出发,可排除该侵害,请求返还被他人拿走之物,或请求不发生这样的侵害。其被称为物权性请求权。该物权性请求权不同于人可基于合同等对人提出一定请求(例如基于买卖合同的付款请求等)的债权性请求权,其为因持有物权而发生的权利(在该情形下,只要侵害物权的状态从客观上看是违法的,就可以行使这样的请求权)。例如就所有权人而言,若他人擅自(或在不知情的情况下)拿走自己的所有物,则可要求其予以返还,若未经许可就进入自己的土地,则可要求其退出(基于所有权的妨害排除请求权)。地上权等其他限制物权也同样可以在各自的物权范围内行使该物权性请求权(抵押权等担保物权之物权性请求权在本书的第 7 章中进行说明)。

2. 物权变动

不论是动产还是不动产,物权均可通过买卖或赠与等合同转移,有时也会出于继承等原因转移。物权法总论中最大的论点是该物权变动,即物权在人与人之间转移时的问题。针对该问题有过众多讨论,并存在各种学说。但初学者不应该为这些所迷惑而忽略关键的基本构造。在此应先重点掌握《日本民法》规定的基本构造。

(1)公示的原则

首先,因物权是对谁都可以主张的权利,故反而言之,若周围的人不能通过某种方法认识到谁是权利人,则将出现问题。因此,有必要通过某种方法公开物权的存在,即采取公示的方法。物权的变动必须伴随着公示的想法被称为公示的原则。虽然目前世界各国均承认该公示是必要的,但问题在于该公示的意义。

（2）对抗要件主义

① 综述

《日本民法》就物权变动所采用的基本主义即基本构造为对抗要件主义,后述的通常的债权转移也是如此。在当事人之间,物权只要通过当事人的意思表示就可以转移(《日本民法》第 176 条。即所谓的物权变动的意思主义。因此作为物权转移的"有效条件"只需要当事人的意思表示)。但若要就此向当事人以外的人进行主张、对抗,则必须履行法定的对抗程序,即具备对抗要件。所谓对抗要件,在本不论是就不动产或动产的物权变动还是就债权转让,均采用对抗要件主义。应正确区分权力转移的"有效要件"与"对抗要件"。债权转让时的第三人对抗要件为通过有确定日期的证书向债务人发出的通知或债务人的承诺(《日本民法》第 467 条第 2 款,本书第 6 章第 2 节)。

《日本民法》中关于不动产的对抗要件是登记(《日本民法》第 177 条),关于动产的对抗要件是该物的交付(《日本民法》第 178 条)。(顺便提一句,占有权虽说是物权,但只不过是对物的支配的事实状态的保护,其不同于所有权等具体的物权,即使占有不动产也无法进行占有权的登记等)。

例如,A 将其所有的土地出售给 B 时,只要出售、购买的意思表示一致而成立合同,在 AB 间 A 的土地就成为 B 的东西。但若 B 要就其已成为自己的土地向周围的 C、D、E 进行主张、对抗,则 B 必须将登记从 A 转至自己名下。通过将登记转至自己名下,B 可完成自己是权利人的公示。因此,在日本作为物权的公示方法,不动产为登记,动产为交付,但物权变动自身是因当事人的意思表示而起,转移登记或交付只不过是对抗要件。

② 比较法

物权只要通过当事人的合意就可以转移,登记或交付为对抗要件,这是法国式的想法。相比之下,德国式的想法为物权不会只通过意思表示就转移,若是不动产则转移登记后才发生物权变动,若是动产则交付后才发生物权变动。实际上在登记的方法上法国与德国有所不同,日本的登记法这一法律就实际的登记方法采用的是德国法的想法。鉴于这一点,以及在德国的方法下有登记的地方必有权利较为容易理解(参见下面的(4)),日本也有学者主张关于物权变动也作出德国式的解释。虽然问题因此变得更加复杂,但不要忘记《日本民法》的规定终究采用的还是法国式的对抗要件主义。

（3）对抗问题

如前所述,若 A 订立了将自己所有的土地出售给 B 的合同,那么此时在 AB 之间土地的所有权就转移给了 B。但若处于登记还是 A 的名义而尚未转移给 B 的状态,则 B 无法就自己已成为权利人对抗世人。假设在该状态下 A 将该土地又出售给 C,虽然这样的双重买卖并非好事,但实际上出于各种原因经常发生。在这样的情形下,若 C 先将登记从 A 转至自己名下,则变为 C 可向世人主张自己是权利人,土地变为 C 的所有物。就像上述双重转让一样,在有复数人主张无法两立的权利的情形下,通过对抗要件决定其优劣。这就是所谓的对抗问题。

但在上述事例中,如果 C 事先知道 AB 间已订立买卖合同,却出于横刀夺爱的意图订立合同并转移登记,那么对 C 进行优待就存在问题。因此,判例将这种情形下的 C 作为背信性恶意者,对于这样的背信性恶意者,作为例外,第一受让人 B 就自己是权利人无需登记即可对抗。

而学者们则对双重转让为何在理论上是可能的、在最初出售给 B 的阶段是否 A 就成为无权利人而没有可以向 C 出售的权利等展开了讨论,关于这一点存在好几个学说。这在学理上是非常难的问题。首先我们只需要明确以下构造:在对抗要件主义的规定下,虽然在 B 从 A 购入土地的阶段在 AB 间已确定性的取得权利,但该权利对其他的第三人还是无法确保的(在该意义上是不完全的)权利,在出现就不能两立的权利具备对抗要件的 C 的情形下,C 可就取得权利对抗 B,而 B 不能对抗 C,结果使 B 的权利归属被否定(当然最终无法取得权利的 B 可基于合同,对 A 提出债务不履行的损害赔偿的请求。本书第 6 章第 2 节)。

(4) 不动产物权变动的对抗要件

① 概述

以下对作为不动产物权变动的对抗要件的登记稍作详细说明。民法第 177 条规定"关于不动产的物权的得失及变更,若未根据不动产登记法①或其他关于登记的法律的规定进行登记,则不能对抗第三人"。即不动产的物权的得失及变更只要通过意思表示在法律上就能发生,但若未登记则不能对抗第三人。也就是说登记只不过是为了对抗第三人的手段,即使未登记权利也已经转移。因此可能将出现以下问题:首先一方面可能出现未登记的情形,相反也可能出现进行了没有合意的完全虚假的登记而其无效,真正的权利已转移至别人的情形;其次关于"第三人",若问是否不论是对何种第三人(他人)均未登记就不能对抗,则似乎也不是说对世上所有的他人均未登记就不能主张权利。以下就这两点展开叙述。

② 登记的推定力与公信力

因为登记是物权变动的对抗要件而并非效力要件,所以不是说有了物权变动就一定进行了登记(也存在一直未登记的情形。但在这种情形下若遭到双重转让或财产扣押等,则将输给新的受让人或进行扣押的债权人)。但现实中有了物权变

---

① 不动产登记法:1899 年制定,2004 年进行了全面修改。其就不动产登记的相关手续作出了规定。——译者注

动一般都进行登记。因此,登记的推定力得到承认,判例也指出,只要没有相反的证明,就应推定存在登记所记载的权利关系(这被称为事实上的推定,若对登记记载的真实性存在争议者能够证明其处于真伪不明的状态,则推定就不成立)。

相比之下,日本不承认可以相信有登记就必有权利的公信力(在上述德国的情形下,未登记权利就不能转移,因此承认有登记就必有权利的公信力。如前所述,在日本也存在这样的学说)。因此,即使相信与实体关系不符的不实登记而进行了交易,也无法取得登记所记载的权利。但在判例中,在存在与实体关系不符的登记的情形下,若真实的权利者有对不实登记置之不理的归责性,且相信该登记而进行交易者具备善意的要件,则类推适用(虽然不是该条文原本所指的对象,但宗旨相同故类推后加以适用)第 94 条第 2 款的通谋虚伪表示的规定,对交易者加以保护,从而对上述不妥之处进行了部分修正。例如,在真正的所有人 A 将登记转移至 B 名下后一直置之不理,B 将其出售给不知情的 C 的情形下,对权利人 B 这一登记的置之不理被类推为 AB 间的虚伪表示,根据第 94 条第 2 款,A 不能就登记这一外观形式的无效对抗善意的 C(C 有效取得权利)。

③ 登记与第三人

如果第 177 条中的第三人指的是除了当事人及其总括性继承人(继承人等)以外的所有的人,则将出现对于通过虚假的材料进行了转移登记的 Y,即使真实的所有人 X 提出恢复登记的请求,也会以 X 未登记为由被拒绝的情形。因此,一般认为对这里的"第三人"有一定的限定(限制说)。

作为未登记就不能对抗的第三人,判例使用的是"拥有主张登记欠缺的正当利益者"等措辞,具体而言包括在同一不动产上取得物权者、承租人、进行扣押的债权人等。相反作为未登记也可对抗的第三人(没有主张登记欠缺的正当利益者),一般认为主要包括:第一,不动产登记法明文除外的两种情形,即通过欺诈或胁迫妨碍登记申请者(不动产登记法第 5 条第 1 款)、有义务为了他人申请登记者(法定代理人、破产管理人、受任人等)(不动产登记法第 5 条第 2 款)。作为后者,例如在 B 从 A 购买不动产后进行转移登记时,B 的法定代理人 C 以自己的名义进行了登记的情形下,B 未登记也可以对抗 C。第二,被称为背信性恶意者的人中,与不动产登记法第 5 条第 1 款第 2 款相匹敌的背信性恶意者(不仅知道相关事实,还带着损害真实的权利人的意图加入交易的、有悖信义则的人)。若只是恶意(知道相关事实)则在自由竞争的范围内被允许。该背信性恶意者的排除在判例法理上已得以确立,学说的多数说也持相同见解。第三,不法侵占者、侵权行为者(关于侵权行为参见本书第 5 章)等。

(5)动产物权变动的对抗要件

① 概述

《日本民法》第 178 条规定"关于动产的物权的转让,若没有该动产的交付,则不能对抗第三人",将交付作为动产物权变动的对抗要件。因此,如果 A 订立了向 B 出售一台电脑的合同,B 已经支付货款,而 A 趁着电脑尚未交付订立了将相同电脑出售给 C 的合同,并且已向 C 交付了电脑,那么在该情形下具备对抗要件的是 C,B 因不具备对抗要件而不能对 C 提出要求交付该电脑的主张。这就是动产的对抗问题(当然作为 B,可要求相对人 A 若另有相同的电脑则予以交付,或作出金钱上的损害赔偿。这些将在债权法的部分学习)。

② 成为第 178 条的对象的动产

民法上的动产是指土地及其定着物(即这些为不动产)以外的所有东西(《日本民法》第 86 条第 2 款)。但即使是动产,若存在特别的对抗要件制度,或性质上不适合以交付为对抗要件,则不适用第 178 条。具体而言,船舶、建筑机械存在登记制度,汽车、飞机存在登录制度,因此登记、登录为对抗要件。作为不动产的从物的动产(例如房屋附带的榻榻米、家具等)与该不动产命运相同,若进行了不动产的转移登记,则公示。

关于金钱,在法律上特别对待,并非被看作动产(一般认为其所有与占有一体化,不属于第 178 条的对象)。

③ 交付的形态

交付换种说法就是法律上看作"占有"的状态发生了转移。其问题在于交付的形态。现实中将标的物交给对方当然是交付(被称为现实的交付。《日本民法》第 182 条第 1 款),一般认为民法上另外还有三种占有的转移方法。第一种是简易的交付(《日本民法》第 182 条第 2 款),例如 B 在从 A 借了某物并正在持有的情况下购买该物的情形,因为 B 原本就已经持有该物,所以这样就算已经交付(没必要先返还后再交付)。第二种是占有改定(《日本民法》第 183 条),在 A 将所持之物出售给 B,但通过合意 A 为了 B 继续持有该物的情形下,也算 B 已经得到交付(即该情形被解释为虽然 B 取得占有,但是通过代理人 A 进行。在这种情形下,B 的占有被称为间接占有)。第三种是通过指示的占有转移(《日本民法》第 184 条),在 A 将交给 C 保管的东西出售 B,并指示 C 今后为了 B 进行占有,B 对此作出承诺的情形下,也算 B 已经得到交付(B 取得占有。在这种情形下,B 为间接占有,C 作为 B 的代理人直接占有)。上述情形均无需先返还后再交付,在这种意义上较为合理,但其中最可能出现问题的是占有改定。这是因为虽然 A 的东西已经变为 B 的东西,B 具备了交付这一对抗要件,但该物还是在前所有人 A 手中。但判例、通说承认该占有改定与交付同样是动产物权变动的对抗要件。在这种情形下,若 C 相信该外观(以为 A 是所有人)而从 A 购买该物(其实是 B 的东西)则将如何? 这时 C 的保护是通过下面的即时取得(善意取得)的规定来实现。此外,通过 2004 年制定的动产债权转让特例法,创设了动产转让登记的制度,规定动产的转让在法务局登记后,该转让登记(出让人仅限法人)被看作交付(即成为与交付同等的对抗要件。本书第 7 章第 2 节)。

（6）动产的占有与即时取得

下面先解释占有权。占有权是指，即使不知道该人是否真正持有物权，对正在支配该物的事实状态也给予一定保护的权利。民法第188条规定，占有人就占有物行使的权利推定为合法持有的权利。例如，若某人就某物行使作为该物所有人的权利，则先推定该人为所有人。但应注意的是作为法律用语的推定只要能作出相反的证明即可推翻（相比之下，"视为"则是法律如此规定，不容有相反的证明）。因此，如果有人出来自称是所有人并可以提供所有权的证明，那么占有人的权利将被否定。但关于动产的物权变动，民法设置了占有得到更强有力保护的规定。这就是即时取得的规定（有时也称为"善意取得"）。

关于即时取得，《日本民法》第192条规定"通过交易行为平稳且公然的开始占有动产者，若善意且无过失，则即时取得可对该动产行使的权利"。因为动产交易在日常生活中频繁进行，所以有时不知情的买主也会从没有处分权限的人手中购买。例如，也可能出现虽然卖主实际上并非该物的所有人，而只是为所有人保管该物，但却像所有人一样出售该物的情形。然而，若买主必须详细调查卖主是否真正拥有出售的权限，则买卖合同都难以订立。因此在这样的情形下，有必要对相信卖主的外观的买主加以保护。民法出于交易的安全的考虑，规定若买主善意地（这里"善意"的意思一般认为并不只是不知道相关事实，而是相信相对人为正当的权利人）购买动产并开始占有，则即使卖主并非正当的权利人，也可在交付时立即取得权利（买卖时为所有权）。该想法作为公信的原则为人所知。虽然其是为了保护因相信外观而取得占有者的利益，但实际上该公信的原则单方面地牺牲本来的权利人的权利（不论其是否有归责事由等），从某种意义上说是有所偏袒的规则，因此民法中只有第192条明确承认该原则。

第192条也有例外，在盗窃物和遗失物的情形下，若本来的所有人当然就丧失权利则有失公允，民法规定受害者或失主从盗窃或遗失时起2年以内可向占有人提出返还请求（《日本民法》第193条）。

3. 所有权

（1）所有权的意义与内容

所有权是所有人可在法令限制的范围内自由使用、收益、处分所有物的权利（《日本民法》第206条）。使用就是字面上的供自己用的意思，收益是指若从物中生出果实则可归为己有。向他人出租所有物并收取租金（法定果实）也属于收益。处分包括物的物理性处分（消费、改造、毁灭、废弃等）与法律性处分（转让或用益物权、担保物权的设定等）。

所有权是完全形态的物权，虽然可通过将其一部分分给他人的形式设定地上权等用益物权或抵押权等担保物权,但若赋予他人的用益物权的期限到期,或担保物权因所担保的债务得以偿还而消灭,则本来的完全形态的所有权就将复原。

土地的所有权在法令限制的范围内覆盖该土地的上下(《日本民法》第 207条)。因此,在土地上方架设电线或地下挖掘地道均需要得到土地所有者的同意,未经同意则属于妨害排除的对象。但这里的"上下"也应有合理的界限,例如飞机在上空飞行就不构成对土地所有权的侵害。

(2)相邻关系

土地原则上与他人的土地相邻,因此为了各自享有土地所有权需要一定的规则。这就是所谓的相邻关系,民法在第 209 条以下设置了详细规定。例如,在某土地为其他土地所环绕而不通公路的情形下,该土地的所有人为了通往公路而拥有环绕的土地(2004 年修改前的民法将这样的土地称为围绕地)的通行权利(《日本民法》第 210 条第 1 项),以及土地的所有人不得阻碍水(非人为性排水)从邻地自然流入(《日本民法》第 214 条)等规定。这里就不做详细介绍。

(3)所有权的取得

① 概述

作为所有权的取得方法,合同(买卖、赠与等)或通过继承的继承取得(从前所有人手中继承权利)较为常见,此外还有民法第 239 条以下规定的原始取得的方法,即先占、拾得、发现、添附。其中前三者属于例外,而最后的添附中的不动产的附合的问题相当重要。另外所有权还可以通过时效原始取得(但所有权没有消灭时效。自己的土地即使长年置之不理,所有权也不会因时效而消灭。但若该土地长年被他人像自己的土地一样平稳、公然地持续占有,则有可能因取得时效的完成,而使本来的权利人反射性地丧失权利,参见本书第 2 章第 3 节)。

② 无主物先占

就像捕获野生动物的情形一样,对没有所有人(无主)的动产以所有的意思进行占有者可取得其所有权(《日本民法》第 239 条第 1 款)。所有人所遗弃(即带着放弃所有权的意思丢弃)的动产也是无主物先占的对象。相比之下,没有所有人的不动产归属于国库(为国家所有。《日本民法》第 239 条第 2 款)。例如,在无依无靠的人死亡后既没有继承人也没有生前照顾自己的人的情形下,其所有的不动产将变为国有。

③ 遗失物拾得

关于遗失物(丢失物、遗忘物),拾得者交给警察局后发布寻找失主的公告(遗失物法第 1 条、10 条),若公告后 3 个月以内未找到所有人,则拾得者取得其所有权(《日本民法》第 240 条)。应注意的是他人遗忘在某个地方的东西或出逃的家禽(他人所饲养之物)也作为遗失物对待(遗失物法①第 12 条)。这些并非所有者放弃

---

① 遗失物法:1899 年制定,2006 年进行了全面修改。其就遗失物等的拾得及归还的相关手续等作出了规定。——译者注

了所有权,因此不属于无主物先占(因此,丢在垃圾堆的电视因放弃所有权的意思明确,故可随便拿走,而停在路边的自行车则不能擅自骑走。其将构成刑法第 254 条的占有脱离物侵占罪)。

④ 埋藏物发现

例如在自己的所有土地中发现古钱币的情形与遗失物拾得的情形同样对待(即公告后若所有人不现身则变为己有)。但若是在他人的土地等中发现埋藏物,则该土地等的所有人与发现者折半取得埋藏物的所有权(《日本民法》第 241 条,遗失物法第 13 条)。

⑤ 添附

在所有人各异的两个以上的物相结合或混合,结果使其明显难以恢复原状,或处于不破坏就难以分离的状态的情形下,民法将结合、混合所形成之物作为一物来对待(《日本民法》第 243 条以下)。这是因为强行分离、复原反而对社会经济不利。这就是所谓的添附。民法将物的结合的情形称为附合(形成合成物),将混合的情形称为混合(形成混合物),将付出劳力把他人的材料改造成别种之物的情形称为加工(形成加工物),并以类似的方式加以对待,因此可以说添附分为附合、混合、加工。其中问题较多的是不动产的附合。

首先从动产的附合出发就基本的想法进行说明,关于由附合形成的不破坏就难以分离的两个以上的物,所有权归属于其中主动产的所有人(《日本民法》第 243 条。可以分离但需要过多费用的情形也是如此)。即从属方的动产的所有人不能提出返还请求(但只有主动产的所有人得利则有失公平,故失去所有权的从动产的所有人若有损失,可根据不当得利的规定对主动产的所有人提出补偿金请求。《日本民法》第 248 条。不当得利将在本书第 5 章中进行说明)。若附合的动产难以区分主从,则各动产的所有人按照附合时的价格的比例共有合成物(《日本民法》第 244 条。关于共有在后面进行说明)。混合(例如二人所有的石油混在一起的情形)准用附合的规定(《日本民法》第 245 条)。

关于加工,虽然存在对他人的动产进行加工者,但原则上该加工物的所有权归属于原材料的所有人。但若加工物的价格明显高于材料的价格,则加工者取得其所有权(《日本民法》第 246 条第 1 款。在该情形下,失去所有权的材料的所有人也可根据第 248 条提出补偿金请求)。

⑥ 不动产的附合

《日本民法》第 242 条规定不动产的所有人取得"作为从物附合于该不动产之物"的所有权,该条但书规定"但是,不能妨碍有权附属该物的他人的权利"。例如,在他人在自己的土地上植树并扎根的情形下,该树木的所有权归属于土地所有权人,但若他人是该土地的正当的承租人,则(因承租人拥有自由使用土地的权限)承租人拥有树木的所有权。

但应注意的是在日本土地与上面的房屋分别为不同的不动产,关于土地与房屋的关系不适用第 242 条。因此,作为第 242 条的例子,还包括在房屋上附合某物并无法分离的情形,或在海边的土地上堆积砂土的情形等。其中擅自改建房屋的情形包含着难题。若在原来的建筑物上新设飘窗,则明显是飘窗部分的材料的动产附合于该建筑,但在新设部分虽墙壁使用的是建筑的一部分而其也可看作独立的建筑的情形下,是否存在建筑（不动产）与建筑（不动产）的附合则是存在争议的微妙的问题。

（4）共有

如前所述,一物之上相同的物权只有一个成立（一物一权主义）。例如,若土地甲为 A 所有,则 A 可在该土地上对 B 设定地上权或抵押权等,但 A 以外的 C 等无法持有土地甲的别的所有权。但 A 可与他人共同持有土地甲的所有权（一个）。这就是共有。民法规定各共有人可就共有物的全部按照各自的份额进行使用（第 249 条）。份额的比例当然可以通过各共有人的合意来决定,若未达成协议,则推定各共有人的份额均等（《日本民法》第 250 条）。进行关于不动产的共有的登记时,必须记载各自的份额的比例（不动产登记法第 59 条第 4 项）。虽说如此,各份额权人在法律上可使用共有物的全体,而并非若份额只有十分之一则只能使用土地的十分之一的面积。但若各共有人就共有物的使用区分等达成了协议,则根据该协议使用共有物。

各共有人随时可以向其他共有人请求分割共有物,但不妨碍订立合同规定在不超过 5 年的期间内不请求分割（《日本民法》第 256 条第 1 款）。

学者们认为在广义的共同所有的概念中,除了所谓的狭义的共有外,还包括合有与总有。合有指的是将在后面学习的合伙（本书第 4 章第 3 节）的财产关系,因为具有一定目的下的团体性拘束力,所以在各共同所有人（合伙人）在财产处分上受到限制,并禁止请求分割标的物（《日本民法》第 676 条）等方面与所谓的共有不同。总有是指入会,即村落共同体的成员持有入会地这一共同使用的山林原野时的财产关系。在该情形下,是在团体性管理下使用山林原野,既没有个人的份额也没有分割请求的观念。

此外在用语方面,所有权以外的财产权（地上权、租赁权等）的共有被称为准共有。

（5）建筑物的区分所有

在公寓等集体住宅中,一栋建筑存在各居室等复数的独立的所有权。这就是区分所有权,在《关于建筑物的区分所有等的法律》（简称为区分所有法。昭和 37 年制定,昭和 58 年进行了大修改）中设置了相关规定。

区分所有法将区分所有建筑物分为专有部分（成为独立的所有权的标的的各居室等）,以及区分所有者共用的共用部分,并将区分所有建筑物所在的土地的使用权（多数情况为所有权，也有地上权或租赁权的情形。按照专有部分的比例为各区分所有人所共有或准共有）与专有部分作为一体对待（区分所有人不能将专有部分的权利与土地使用权分开处分）。为了实现全体区分所有人的团体自治，设置业主自治组织——管理组合，并设置管理规约及集会的表决方法的相关规定，以确保管理组合按照区分所有者的共同意愿进行运营。

4. 所有权以外的用益物权

（1）地上权

地上权是指为了在他人的土地上保持对工作物或竹木等的所有而使用该他人的土地的权利（《日本民法》第 265 条）。虽然工作物是指房屋等，但地上权的重心在于他人的土地的使用权，因此并不仅限于工作物或竹木的所有，并不是说这些东西必须在该土地上。地上权一般是因所有人与使用人之间的地上权设定合同而发生，有时也因遗嘱或取得时效而取得。

地上权类似于租赁权（借地借家法①将以建筑物所有为目的的地上权与土地租赁权合称为借地权）。二者的不同之处在于地上权是物权，其为对土地的直接的使用权，而租赁权是债权，其为请求使用该土地的权利。因此，地上权当然具有可转让性、可继承性（地上权人可自由地将该地上权转让给他人），而租赁权则在可转让性上受到限制（《日本民法》第 612 条）。地上权人拥有登记请求权（可请求所有人进行地上权的登记），而租赁权人在与所有人之间没有相关合意的情形下不能请求登记。此外从存续期间的规定等也可以看出地上权与租赁权相比是相当强的权利。

（2）永佃权

永佃权是指为了耕作或畜牧而使用他人土地的物权。其性质类似于地上权，但在以支付佃租为要素这一点上存在差异（《日本民法》第 270 条）。明治初期其被认为是非常普遍的权利，而现在则只是例外性的存在（现在几乎均为租赁关系）。

（3）地役权

地役权是指按照一定目的为了实现某土地的利益而使用他人土地的权利（《日本民法》第 280 条本文）。例如，甲地的所有人为了使用甲地而在乙地上通行的通行地役权或通过乙地引水的引水地役权等。该情形下的甲地称为要役地，乙地称为承役地。地役权与上述相邻关系有何区别呢？相邻关系是法律为了相互享有所有权而设置的最低程度的限制，在仅靠相邻关系还不够充分的情形下，再订立地役权设定合同。地役权若事实上得以持续性行使则可时效取得（《日本民法》第 283 条），若设定后一直未行使则也有消灭时效（《日本民法》第 291 条）。

---

① 借地借家法：1991 年制定。其就以建筑物所有为目的的地上权与土地租赁以及房屋租赁作出了规定。——译者注

（4）入会权

入会权是指在村落共同体中，共同体的成员共同使用山林或原野等的习惯法上的物权。民法承认带有共有性质的入会权（《日本民法》第 263 条）与不带有共有性质的入会权（《日本民法》第 294 条），规定其内容由习惯决定。

5. 占有权

（1）序言

在此先概括一下前面已经提到的占有。占有权虽说是物权，却与其他物权（所有权与限制物权）完全不同。虽然民法所采用的构造看似存在"占有权"这一权利，但实际上成为法律的保护对象的是"占有"这一事实状态。法律将对物的一定的支配状态作为占有加以保护。在该情形下，并不问进行支配的人是否实际持有可进行该支配的物权（被称为本权）（因此在使用后述的占有诉权一度受到保护后，也有可能在本权之争中败诉）。

（2）占有的成立

占有是指"带着为了自己的意思对物加以持有"（《日本民法》第 180 条）。从该定义来看，占有需要具备作为对物的事实性支配的持有（被称为占有的体素），以及为了自己的意思（被称为占有的心素）。关于为了自己的意思的解释现在非常宽泛，一般认为自己以直接、间接的享受事实上的利益的立场对物加以持有时，通常可以说具有为了自己的意思。另一方面关于持有，一般认为从社会通念来看该人处于正对该物进行支配的状态即可，未必需要物理上掌握该物（例如旅行时放在家中之物也算持有）。另外如后所述持有还可以通过代理人或辅助人进行。但若失去对占有物的上述意义上的持有，则占有权将消灭（《日本民法》第 203 条本文）。

（3）占有的形态

① 自己占有与代理占有

自己占有是指占有人自身对物加以持有，代理占有是指占有代理人对物加以持有（《日本民法》第 181 条）。例如房屋的租赁，是由承租人进行直接占有，出租人则是间接占有。虽然民法将这时的代理占有人称为"代理人"，但其与民法第 99 条以下的通过意思表示的代理人（经本人授予代理权者）性质不同。其只是在物的支配的事实关系中，与本人有一定关系者带着为了本人的意思加以占有即可。而干家务的佣人或店员则是占有辅助人（作为本人的助手对本人的占有加以辅助者），此时代理占有并不成立。

② 自主占有与他主占有

占有人具有"所有的意思"的占有为自主占有，其他占有为他主占有（《日本民法》第 185 条）。对二者加以区别在上述取得时效（《日本民法》第 162 条）或无主物先占（《日本民法》第239条）等方面具有实际意义。

购物者中存在自主占有，而承租人中存在他主占有。但在承租人购入该租赁物的情形下，作为新权限下的占有，他主占有变成了自主占有（《日本民法》第185条）。最近的判例指出继承也属于该新权限。

（4）占有权的取得

占有既可以原始取得，也可以从前主继承取得。遗失物拾得等为前者，而重要的是后者，即通过买卖合同等在保持同一性的同时继承取得前主的占有。继承取得还包括继承的情形。

在继承取得的情形下，占有人既可以主张前主的占有，也可以主张新生的自身的占有（《日本民法》第187条第1款）。但在主张前主的占有时，前主的占有的瑕疵（恶意、有过失等）也一并继承（《日本民法》第187第2款）。

（5）占有的效果

① 占有诉权

占有人在占有受到他人妨害时，不论该占有是否基于正当的权利，均可以通过占有之诉请求排除妨害（《日本民法》第197条以下）。占有诉权包括占有保持之诉、占有保全之诉、占有回收之诉。

占有诉权具备排除对物的事实性支配的妨害的功能，故与本权之诉（基于所有权的妨害排除等）没有关系（《日本民法》第202条第1款）。因此，同一人可同时提起占有诉权与本权之诉。

② 权利的推定

占有人被推定对占有物拥有合法的占有权限（《日本民法》第188条）。例如，主张自己是所有人者只要证明正在占有标的物的事实，该人就被推定为所有权人，而必须由对此有异议者证明占有人没有所有权。但关于不动产，如前所述登记的推定力优先，因此占有的权利推定只适用于未登记的不动产。

③ 善意占有人的果实收取权

例如，误认为自己拥有某土地的所有权而进行占有者可收获该土地上的苹果树的果实。这就是善意占有人的果实收取权（《日本民法》第189条第1款）。这是因为事后要求向本权人返还果实对善意占有人而言过于残酷。作为法定果实的租金也同样如此。

第4章 债权法(1)——合同法

第1节 债权法概述

1. 作为对人的权利的债权

如前所述,民法将我们所拥有的权利分为对物的权利与对人的权利。后者为民法中第3编债权部分,称之为债权法。

明治初期从欧洲(最初为法国)引入近代民法典时,通过债权被译为"对人权"的事实可以看出,债权是特定的人向可以请求特定的人作出某种行为等的权利。之所以记述为"行为等",是因为通常专指支付金钱或交付物品等行为,但根据情况不同,有时也指如"不开设同一店铺"或"夜间不发出噪声"等的不作为。这些作为与不作为统称为"给付"。作为债权目的的给付通常会带有某些经济价值,但在民法中有些未必可用金钱衡量的事情也会成为债权的目的(《民法》第399条。但是,完全是具有心理性或道德性内容的给付,也许不会称之为债权。如"每年给故人做法事"可以成为债权,但如果是"每天早晨诚心祈祷"的内容就无法评价为债权)。学习这些债权的性质与发生原因即为债权法。

2. 作为资产的债权

学过经济学和会计学的人应该较为了解,人或公司所持有的资产(财产)中,除了物即不动产与动产外,还有工资、存款等形态的债权。例如,新兴起的租赁公司与信用公司所持有的不动产比较少,但作为资产持有无数的租赁费债权与垫付金债权。

在民法的世界中,过去比较重视对于物的所有权等的物权的持有,而从近代到现代,随着时代的变迁,债权则占据了优越的地位。这与承认债权的财产性的历史相符合。在罗马法初期,债权作为联系特定人与特定人之间的"法锁",不能随意转让给第三人。到罗马法中期以后,其可转让性逐渐得到了承认。近代民法无论是哪个国家都承认可转让性为债权的权利。其结果使得债权产生了作为资产的价值,当今作为比不动产等更易于兑现、流通的资产,在交易社会中愈发显得重要。从另一个角度来说,封建时代的以土地所有为基础的人与人之间的支配和被支配关系,现在变为债权关系下的经济性支配与被支配关系(虽然这并非是我们所希望看到的现象)。总而言之,债权法在学习民法时是非常重要的部分。

3. 债权法的构成与学习顺序

在本书第 1 章中已进行过概述,民法第 3 编债权的第 1 章总则规定了债权的性质以及其从发生到消灭的过程,这是在讲学上被称为"债权总论"的部分。在第 2 章至第 5 章规定了四种债权发生的原因,即合同、事务管理、不当得利、侵权行为,这在讲学上被称为"债权各论"。通过总论与各论的比较可以看出关于合同等债权的发生原因的问题较为具体且易于理解,因此本书的叙述顺序与民法典的顺序相反,原则上先就债权各论的内容进行说明之后再进入债权总论。但是,在解释合同法时将穿插损害赔偿等债权总论的部分内容。

第 2 节　合同总论的学习重点

1. 合同的成立

（1）合同的定义

如前所述,近代民法承认"合同自由原则",我们可以在不违反公序良俗的原则的范围内创造出千差万别的债权形态。债权只具有对当事人拥有约束力的相对性效力,所以才可以自由地创造。

因此首先从合同的成立开始再稍作详细学习。若用在第 2 章民法总则中学过的用语来作出定义,合同是指"两个人或两个以上的当事人通过相互间的要约的意思表示与承诺的意思表示的一致,形成一定的法律上的权利义务关系的法律行为"。例如,以买卖合同为例,A 说要把商品以 5 万日元卖给 B,而 B 也说要以 5 万日元购买该产品时,合同成立。之所以是两个或两个以上的当事人,是因为通常合同当事人多为两个人的情形,但是也可能出现更多的债权人与债务人参与同一合同的情形。

（2）债权合同

一般我们称"合同"时,指的是会发生某种债权债务关系的债权合同。例如,买卖合同就是其代表。根据买卖合同将会发生价款债权与标的物交付债权(如前所述,买卖合同会引起标的物的所有权的转移。在这个意义上,其带有物权转移的要素,但是,产生债权债务的合同带有物权转移的要素的情形也可视为债权合同)。那么是否存在物权合同呢? 例如设定地上权等的合同那样,只以设定物权为约定的内容的合同被称为物权合同。另外,婚姻等形成家族法上的法律关系的合意被称为身份合同(本书在下文中所提及的"合同"均为债权合同之意)。

(3) 合同细则规定的含义

根据合同自由的原则,合同可以具有多种多样的内容,民法就其中的 13 种合同作出了规定。但需要反复强调的是,民法尤其是债权法,是以当事人可通过基于自由意思的约定自由创设相互间的规则,即"意思自治原则""私法自治原则"为前提,因此这些规定只是在当事人没有设定详细规则时作为补充的任意性规定。

2. 合同的分类

(1) 典型合同与非典型合同

民法选择了常用的 13 种合同作出了规定,因为这些合同具有典型性,故被称为典型合同。除此之外的合同被称为非典型合同。这 13 种在法典上都有固有的名称,故被称为有名合同(在此并非 famous 的意思)。除此之外的非典型合同为无名合同,在此无名绝没有不重要的意思。现代社会中有如租赁合同、信用合同等,不在 13 种合同之列但非常重要的合同。同时 13 种合同中也有当今社会不常用的合同。

另外,在当事人的意思不明确的情况下,其应归结为哪种合同也将会成为一个问题(合同的解释)。在民法课上,一般都会讲解买卖合同、租赁合同等,但在现实社会中,很多情况下是合同本身的解释或当事人意思的解释出现问题。在理解上述情况的基础上,以下以典型合同为中心,从若干特征出发对各种合同进行分类。

(2) 诺成合同与要物合同以及要式合同

首先,合同可以分为诺成合同与要物合同,现代很多合同都是诺成合同。所谓诺成合同,是指只要当事人之间的意思表示一致就成立并发生效力的合同。例如,买卖合同就是诺成合同(有的国家规定高额买卖合同若不订立书面合同就不成立,对合同的形式提出了要求,但《日本民法》没有要求书面合同。因此,即使是关于高额的不动产等的买卖合同,只要当事人之间意思表示一致即成立合同。但是,当事人一般都会为了留下证据而订立书面合同,另外在不动产买卖由不动产公司进行中介等情形下,根据宅地建物取引业法①(宅基地建筑物交易法)等特别法的规定,有时也要求编制并交付书面合同)。

另外作为例外还有几种合同不属于诺成合同,而属于要物合同。即其不但需

---

① 宅地物业取引业法:1952 年制定。其规定从事宅基地建筑物交易者应获取执照,并对该行业进行了必要的规制。——译者注

要意思表示的一致,还必须交付标的物才会成立并发生效力。但在 2017 年的修改法中,有几种要物合同被改成了诺成合同。例如,关于将标的物借给对方无偿使用的使用贷借合同(第 593 条),修改前的民法规定,仅就贷借达成合意合同并不成立,出借人实际向借用人交付标的物时合同才会成立。但 2017 年修改法从重视合意的角度,将其变更为诺成合同。

此外,正如前面已举例说明的那样,法律规定若不具备一定形式(例如编制书面合同)就不成立的合同,被称为要式合同(民法中的保证合同即是如此。第 446 条第 2 款)。

(3) 双务合同与单务合同

其次,合同可以分为双务合同与单务合同。例如在买卖合同中双方当事人均发生债权债务,因为双方当事人均承担债务(具体而言,卖主负有交付标的物的债务,买主负有支付价款的债务),故被称为双务合同。在租赁公寓等的房屋租赁合同(参见后述内容)中,承租人负有支付租金的债务与结束时的返还债务,出租人负有持续提供处于可利用状态的房屋的债务,所以其也是双务合同。

相反在赠与合同(参见后述内容)中,只要达成"赠与—接受"的合意合同即可成立,但受赠人一方并不发生债务,而只有赠与人一方应当发生交付债务。关于上述使用贷借合同,若合同在交付标的物时成立,则此后只有借用人负有返还义务。这些合同由于只有一方当事人承担债务,故被称为单务合同。因为关于合同的效力与解除,存在只适用于双务合同的规定,所以该分类非常重要。

(4) 有偿合同与无偿合同

还有一种分类是有偿合同与无偿合同。有偿合同是像买卖合同的标的物与价款那样,交换对等价值的合同(这里的对等价值无需从客观上来具有对等的经济价值,而只要当事人之间认为具有对等价值即可)。无偿合同是像赠与合同那样,有一方当事人只交付财产而不接受代价的合同。

这一分类也非常重要。这是因为根据合同的有偿或无偿,担保责任的程度有所不同(如买卖等的有偿合同的担保责任较重,已交付的标的物与相应的价款不具有对等价值时,卖主应当承担责任。相比之下,如赠与等的无偿合同,即使赠与的标的物带有瑕疵,因为是无偿获得故只能忍受,所以其担保责任较轻)。

3. 合同的效力

(1) 合同的有效性

关于合同的效力与有效性,《日本民法》实际上没有作出规定。为了使合同发生效力,其内容必须是合法(合法性)、可能实现(可能性)、已确定的(确定性)。就像在订立合同时已经烧毁的建筑物的买卖合同那样,在其标的物原本就不存在而无法履行的情形下,作为原始性履行不能而合同无效,不发生债务债权。但是,在卖主使买主相信能够得到该建筑物,买主因此购买了配置其中的家具而发生损失的情形下,作为"合同订立上的过失",卖主有可能就信赖利益承担损害赔偿责任。另外,就将来的产品销售而发生的应收账款债权订立的转让合同并非原始性履行不能,通过限定开始日期与终止日期,该合同即可获得确定性而有效成立。

(2) 约束力与相对效力

作为合同的基本效力,首先以当事人的合意为依据,在当事人之间将会发生约束力(从合同必须要履行的观点出发,在最近的债权法修改讨论中,认为应加强对由订立合同而发生的相互间的约束力的认可的意见居多,这也是国际性趋势)。所以合同对方不履行时,可以起诉到法院请求强制履行或作为当初约定的行为的代替而请求损害赔偿(当然,在合同中,当事人另外约定不进行强制执行的,不在此限)。还有合同效力为相对效力,原则上只约束当事人。虽然,也可以订立向当事人以外的第三人给予利益的合同(后述的为了第三人的合同。第 537 条),例如 AB 在买卖合同中附加了将价款直接支付给第三人 C 的条款等的情形,但此时也不能达成使第三人承担义务的合意。

(3) 同时履行的抗辩

在双务合同的情形下,作为合同存在的效果,民法规定了同时履行的抗辩。即例如,买卖合同的买主可以在标的物交付之前提出不支付价款的抗辩(针对对方的请求提出的对抗主张),卖主反过来可以在价款支付之前提出不交付标的物的抗辩(第 533 条。可以在对方进行履行的提供即携款提货之前行使)。因此,双方的同时履行抗辩可以促进双方的债务履行,结果使交换给付得以实现。当然,在当事人之间出于某些原因决定先支付价款等情形下,因为规则如此,故不能使用同时履行的抗辩。此外,主张同时履行抗辩的当事人,在主张期间即使发生了履行迟延也不负债务不履行责任(关于债务不履行与解除、损害赔偿参见后述本章 4)。

(4) 风险承担

作为双务合同中双方之债务关系的相关制度,民法还规定了风险承担。这是就像在订立别墅买卖合同后到交付使用之前的期间由于发生山火导致别墅烧毁的情形那样,在订立合同后交付标的物之前,因不属于债务人责任的原因导致标的物灭失时(因为其没有归责事由,故并非后述的债务不履行),其损失应当由作为卖主的债务人还是由作为买主的债权人来承担的问题。即若标的物是不可代替之物,则作为债务人的卖主的交付债务将因履行不能而消灭,但是因债务人没有责任,故无需承担损害赔偿责任(相比之下,若债务人存在归责事由,则将构成债务不履行,因此债务人的债务并不会消灭,而是如后所述变为损害赔偿债务继续存在。参见4 本节(1)(2))。但买主因已订立合同是否需要支付价款呢?若在合同中当事人已经作出具体约定则没问题,考虑到没有约定的情形,民法设置了风险承担的规定。2017 年对此前的规定作出了大幅度的修改,规定在所有合同中均由债务人承担风险(债务人主义),并将此前的风险承担的"反对债务将消灭"的构成改为"债权人可拒绝反对支付的履行"(履行拒绝权之构成。第 536 条第 1 款。关于特定物的所有权转移等的买卖等合同的债权人主义的规定被删除)。因此,以买卖为例,标的物烧毁的风险由卖主(交付债务的债务人)承担。因为此前对债权人主义(未取得标的物却必须支付价款)的批判较为强烈,故删除该规定被认为是合理的。至于为何采用履行拒绝权的构成,是因为其与后述的合同解除的规定之间要件重复(修改前的民法就解除要求归责事由,但在修改法中就解除不存在归责事由的问题),双方均没有归责事由的风险承担的案例变为也可通过解除合同来处理(此修改属于学理先行,对国民来说一点都不好理解)。因此,债权人变为既可以解除合同,也可以按照风险承担拒绝履行。此外,关于租赁合同等不伴随所有权的设定或转移的双务合同,与修改前的第 536 条的规定相同,依然采用债务人主义。

需要特别注意的是,风险承担是在合同订立后到标的物交付之前的期间发生的问题。因此,交付完成后,风险也当然会转移到买主(即使在交付之后发生毁灭或损伤,也应由买主承担,而不能免除价款支付义务)(《日本民法》第 567 条)。

风险承担是发生在双务合同中的问题。双务合同中双方当事人均发生债权与债务。因此,在提及风险承担的债权人主义(债权人承担风险)或债务人主义(债务人承担风险)时,应注意分清债权人与债务人。在此是从已消灭的财产价值的角度来决定债权人与债务人。即以烧毁的别墅为例,拥有要求交付别墅的债权的买主为债权人,负有交付别墅义务的卖主为债务人。因此,债权人主义是指,债权人需要承担风险,故就别墅交付拥有债权的买主无法获得标的物(作为债务人的卖主的履行义务将会消灭),却留有支付价款的债务。若是债务主义,则由债务人承担风险,其得不到反对给付。修改法站在后者的立场上,规定"债权人可以拒绝履行反对给付"。

(5) 为第三人利益的合同

就像在 AB 之间的买卖中附加将价款直接支付给第三人的约定那样,向当事人以外的第三人给予利益的合同被称为"为第三人利益的合同"(《日本民法》第 537 条以下)。虽然其也是一种合同,但不是独立存在的合同,而是附属于某些合同的**特别约定**或**附加条款**。这是合同效力涉及当事人以外的第三人,虽然从合同效力的一般性观点(不涉及当事人以外)来看属于例外的规定,但也受到以下限制:①可以订立向第三人 C 给予利益的合同,但不能作出使第三人 C 承担债务的约定。②第三人 C 作为受益人,并不是通过 AB 间的约定自动获得利益,而需要作出接受利益的意思表示(**受益的意思表示**)。③若有受益的意思表示,则 AB 不能撤回他们的约定,但在受益的意思表示之前可以撤回。受益人作出受益的意思表示后,可以向债务人请求直接给付,但此时债务人可向受益人主张对债权人可提出的一切抗辩(例如,卖主 A 与买主 B 订立了买卖合同与“价款直接支付给 C”的为第三人利益的合同,C 作出受益的意思表示之后,向 B 请求了价款的支付。若此时 B 还没有从 A 得到标的物的给付,则在 B 可对 A 主张同时履行的抗辩的情形下,同样 B 也可对 C 主张同时履行的抗辩)。

4. 债务不履行与解除合同

如果遇到对方不遵守和履行合同的情形应该如何处理? 当然可以通过法院强制执行,但在时间上来不及或因对方失去标的物而履行不能的情况下,又该如何处理? 对于这种情况,民法规定了两种方法。一是因债务不履行请求损害赔偿,二是以债务不履行为由解除合同。《日本民法》中,既可以选择解除与损害赔偿其中之一,也可以同时选择两种(第 545 条第 4 款)。损害赔偿的规定属于债权总论的范围,而解除合同的规定属于债权各论的范围,在此将这两项分开设置的规定连在一起说明。

(1) 债务不履行的种类

此前在解释民法时一般认为债务人要负有债务不履行责任就必须有归责事由,但 2017 年对此从重视合同的约束力的观点作出了修改,规定若未按照约定履行债务就构成债务不履行,但从合同的内容及社会通念来看债务人无归责事由时,债务人可免除责任(归责事由不是债务不履行的必要要件,没有归责事由成为免责的要件)。因此,因地震、火山爆发等自然灾害造成合同无法履行时,在这种意义上不构成债务不履行。不仅是合同当事人本身,合同履行的辅助人的行为也会成为判断是否构成债务不履行与归责事由的存在与否的依据。

债务不履行包括以下三种:①晚于约定的日期履行的履行迟延;②已变为无法履行的履行不能;③虽然按时履行,但不符合约定的内容或不完整的不完全履行。

(2) 损害赔偿

履行迟延发生时,若是虽延迟但结果还是履行了合同,则可请求赔偿延迟期间所发生的损失(称为迟延赔偿)。履行不能发生时,可请求赔偿与应给付之物相当的金钱(称为填补赔偿)。损害赔偿在《日本民法》第 416 条中分为通常损害与特别损害,通常会发生的损害属于正常赔偿范围,对于因特别事情产生的损害,根据当事人的可预见性(事先是否可以预见)来判断,只有可预见部分属于赔偿范围。何为通常损害及何为特别损害需要根据各个事例的具体情况来判断。例如,由于购买的房屋交付延迟了一个月,这一个月租借公寓的租金一般会被认定为通常损害。

但若已与他人约定在购买该房屋后高价转卖,却因交付延迟未能实现转卖,则在请求赔偿转卖差价时,(若买主为一般人)因其属于特别损害,故只有在卖主事先可预见到买主将进行这样的转卖的情形下,才属于赔偿范围。

（3）合同的解除

另一种处理方式是解除合同。这是遇到债务不履行的债权人向债务人作出单方面的意思表示使合同回到最初没有订立的状态(因此,在法律行为的分类上,解除属于一个人作出的单独行为)。作出该意思表示时,在当事人之间将会产生恢复原状的效果(原状是指最初的状态)。即当事人负有恢复订立合同之前的状态的义务(《日本民法》第 545 条第 1 款本文)。但是,恢复原状的效果不能损害第三人的权利。也就是说,若有第三人在解除之前从买主购买了该标的物并已具备对抗要件,则不得损害该第三人所取得的权利(《日本民法》第 545 条第 1 款但书)。

另外,关于解除的溯及力即合同恢复原状的效果,若是买卖合同等一次性合同则当然会发生,但若是后述的租赁合同(本节 3)等持续性的合同,则解除并没有溯及力,解除的效果只会从解除时面向将来发生(因为返还过去收取的租金与过去的使用利益是无意义的)。

关于解除的方法,在发生履行迟延时,原则上应先设定期限催告对方,若还不履行则可解除合同(《日本民法》第 541 条)。但是,有一种称为定期行为的合同,因为其在当时不履行就将失去意义(例如婚宴菜品的订单等)的,故无需催告即可直接解除(《日本民法》第 542 条第 1 款第 4 项)。在发生履行不能时,因为对无法履行的债务作出催告是无意义的,故可以立即解除(民法第 542 条第 1 款第 1 项,第 3 项,第 542 条第 2 款。此时,即使是在约定的履行日期之前,若已确定履行不能,则也可解除合同)。在发生不完全履行时,若事后可以追加完全履行,则可像履行迟延一样催告后加以解除,若不能追加完全履行,则无需催告可立即解除。

5. 格式条款

民法此前没有设置关于格式条款(多数情况下是在大量且统一订立的合同等中,由合同的一方当事人事先准备的合同条款)的规定。但在 2017 年修改法中,采用了"定型交易"(其为某特定人以不特定多数人作为对象进行的,统一其内容的全部或一部分对合同双方而言较为合理的交易)的概念,并设置了"格式条款"的规定(《日本民法》第 548 条之 2 以下)。其规定了在合同中如何引进格式条款,以及格式条款制定方作出细微修改时无需对方(消费者方)的个别承诺等内容。但对此修改的反对意见也很多,究竟评价如何尚需时间检验。

第 3 节　合同各论的学习重点

1.　买卖合同

（1）概述

下面来看一下民法规定的典型合同中的重要的合同。前面已多次提到买卖是最具代表性的有偿、双务、诺成合同。民法第 559 条规定,关于买卖合同的规定基本上可准用于其他有偿合同。民法就买卖合同与其他合同的成立,没有将书面合同的订立作为义务。因此,在民法上无论是多么高额的买卖,即使没有书面合同,只要达成合意即可成立。但是,在买主是消费者或合同金额极大的情形下,也有特别法规定了订立书面合同的义务(特定商事交易法与宅基地建筑物交易法等)。

（2）买卖的预约

买卖合同也可以进行预约。预约也是合同并具有约束力,收到正式合同的要约的相对人必须作出承诺。若对方擅自拒绝承诺时,则也可以得到代替承诺的意思表示的判决。但若对方不配合,则即使可以胜诉,也无人会利用这种麻烦的预约制度。因此民法就最为常用的买卖合同规定,一旦预约后,只要一方当事人提出订立正式合同,无需再次得到相对人的承诺即可成立(《日本民法》第 556 条第 1 款)。在专业用语中,"按预约内容订立正式合同"被称为"预约完结",可完结(有转移到正式合同的权限)方的当事人被称为"预约完结权人"。

（3）定金

定金是指当买卖合同等成立时交付的金钱等。例如,购买 100 万日元商品时,先付 10 万日元作为定金,但问题在于定金的功能。民法的起草者基于日本自古以来的习惯将其解释为"解约定金"。买主将定金交付给卖主时,在对方着手履行合同之前,买主可通过放弃定金解除合同,而卖主则可通过加倍偿还定金解除合同(《日本民法》第 557 条第 1 款。因为此时采用的是只通过定金金额的处理来解除合同关系的程序,故不可请求除此以外的损害赔偿)。也就是说,所谓解约定金具有为当事人保留约定解除权的功能,因此即使是不想履行合同等任性的理由,只要放弃定金或加倍偿还定金就可以解除合同(可通过合同当事人之间的合意决定发生解除权的情形,《日本民法》第 540 条第 1 款)。但是,当然这也是任意规定,当事人也可以约定其他性质的定金(例如一方不履行债务时,对方可没收定金的违约定金等)。判例指出,若无法明确判断是其他性质的定金,则推定为解约定金(此外,所有定金均为证约定金,即具有证明合同成立的最低限度的功能)。

（4）担保责任

① 概述

由于买卖是就物品与金钱进行等价交换的合同，考虑到其等价性或当事人的公平性，此前民法从各种角度规定了卖主的担保责任。即在出现标的物有瑕疵、数量不足、缺少应附带的权利、标的物上承载着第三人的权利等情况下，使卖主承担相应的担保责任，受到解除合同或赔偿损害的惩罚。但 2017 年修改时废除了法定担保责任的规定，以卖主负有按照合同内容进行权利的转移与交付的义务为前提，可以说是采用了合同不符合责任。

其基本构成是舍弃了"瑕疵"的概念，将以往对物品瑕疵的担保责任与权利瑕疵的担保责任全部统一归纳为合同不符合责任，在债务履行不符合合同内容时，向买主赋予：第一，追加完全履行请求权；第二，价款减额请求权；第三，损害赔偿请求权；第四，解除权。标的物的权利的瑕疵也同样如此，其中标的物权利的一部分属于他人时也将成为合同不符合责任的对象，但若标的物权利全部属于他人而卖主就该权利全部不转移，则不是合同不符合的问题，而属于债务不履行的一般规定的问题。

此外，修改法排除了此前担保责任的规定中关于瑕疵的"隐藏"（不细看就无法发现）的概念，并废除了关于瑕疵的买主的善意、恶意的主观要件的规定。

② 他人之物的买卖

从上述的例子中可以看出，在《日本民法》中，可以将他人的所有物作为标的物而订立买卖合同。即 B 擅自将 A 的物品卖给 C 是有效的合同（称为他人之物的买卖）。当然，在这种情况下，B 负有从 A 获得所有权，并将所有权转移给 C 的义务（《日本民法》第 561 条），如果 B 无法尽到其义务就作为债务不履行负有解除合同以及损害赔偿的责任。

③ 以合同不符合为由的追加完全履行请求权

作为普遍适用于合同不符合的统一救济手段，修改法新设了买主的追加完全履行请求权（《日本民法》第 562 条）。其明确规定，已交付的标的物在种类、质量以及数量上与合同内容不符合时，买主拥有要求进行标的物的修补、替代物的交付、不足部分的交付的追加完全履行请求权。

此外，若因买主的归责事由导致其不符合合同，则不能提出追加完全履行请求。

④ 以合同不符合为由的减价请求权

拥有追加完全履行请求权的买主设定一定的期间催告追加完全履行，但在期间内未能得到追加完全履行时，买主可以根据不符合合同的程度请求价款减额（《日本民法》第 563 条第 1 款）。在追加完全履行不能、卖主明确拒绝追加完全履行，或者根据合同性质或当事人的意思表示在特定日期或一定期限内不履行就无法达到合同目的（如在解除中提到过的婚宴菜品的订单等的定期行为）的情形下，可不催告直接提出价款减额请求（《日本民法》第 563 条第 2 款）。

⑤ 买主的损害赔偿请求权与解除权

拥有追加完全履行请求权与价款减额请求权的买主可根据债务不履行的一般规定，对损害赔偿请求权（《日本民法》第 415 条）与解除权（《日本民法》第 541 条，542 条）加以行使（《日本民法》第 564 条）。

⑥ 合同不符合责任的追究期限

当买主追究合同不符合责任时，若未在得知不符合合同时起 1 年内通知卖主，则不能以不符合合同为由行使追加完全履行请求权、价款减额请求权、损害赔偿请求权与解除权。若卖主在交付时已知道不符合合同，或因重大过失不知道，则不在此限（即超过 1 年也可以请求）。

2. 赠与合同

（1）概述

赠与是典型的无偿、单务合同。《日本民法》规定其为诺成合同，但对于像赠与这样赠与方单方面受损的无偿合同，应防止出现不小心缔结合同的情形，故很多国家规定其为要物合同或要式合同。因此，虽然《日本民法》将赠与合同作为诺成合同，但同时规定未采用书面形式的口头约定的赠与虽然合同成立，但在履行之前可以解除（《日本民法》第 550 条）（2017 年修改前的民法表述为"撤回"）。修改前的民法规定，在赠与合同中，赠与人一般对标的物的瑕疵不负有担保责任，只有在赠与人明知有瑕疵却未告知对方时，才需要对受赠人的信任部分负有担保责任。关于这一点，如前所述 2017 年修改法废除了买卖合同的担保责任的构成，就赠与也作出了相应修改，作为赠与人的交付义务规定"关于赠与的标的物或权利，推定赠与人作出了约定，以特定其为赠与的标的时的状态进行交付或转移"（修改后的民法第 551 条第 1 款）。

（2）特殊赠与

① 附负担赠与

在无偿的赠与合同中，受赠人也要负担一定给付的合同被称为附负担赠与。例如，"我会向你赠与相当于一亿日元的土地，所以你以后每年要给祖坟扫墓和做法事"的情形。此时，在受赠人的负担的限度内可视为与双务（有偿）合同相同，民法规定在负担的限度内赠与人负有与买卖合同的卖主相同的担保责任（第 551 条第 2 款），并适用双务合同的规定（《日本民法》第 553 条）。

② 死因赠与

以赠与者的死亡为原因的赠与被称为死因赠与。例如，像"在我死后把土地留给你""我接受"那样，赠与人在生前订立的合同。作为类似于死因赠与的做法，还有赠与人在遗嘱中写道"这块土地赠与某人"的遗赠（参见第 9 章第 2 节）。其为在相对人不知情的情况下通过单方面的意思表示产生赠与效果的单独行为。虽然死因赠与与遗赠在法律性质上有所不同，但其功能非常相似，因此民法规定死因赠与在不违背其性质的范围内准用遗赠的相关规定（第 554 条）。但是，遗赠来自于遗嘱，根据遗嘱规定（应反映死者的最终意愿）可反复修改（第 1022 条）。而死因赠与是有对方当事人的合同，虽然对方当事人会相信可获得赠与，但判例与通说认为赠与人可自由撤回死因赠与合同。但关于这一点也有判例认为，如果是附负担的死因赠与（附负担死因赠与合同）并且该负担已全部得到履行，那么原则上不能撤回（在"你到退休为止每年给我生活补贴，我死后将把这山留给你"的合同中，若受赠人到退休为止按照约定提供了全部生活补贴，则赠与人不得撤回死因赠与）。

3. 租赁合同

（1）概述

支付对价借用物品的合同为租赁合同。虽然其也是双务、有偿、诺成合同（《日本民法》第 601 条），但与一次性结束的买卖合同不同，租赁合同是在一定期间内持续的合同，并且承租权中除了请求给付的权利以外还有标的物的利用权的要素，因此就这一点而言具有虽说是债权但包含物权性要素的特征。因此，《日本民法》就不动产的承租权作出了可以登记，并且登记后即使所有人发生变化也可以对抗的保护规定（《日本民法》第 605 条）。但实际上这项规定因出租人不配合登记，故基本上不起作用（通过其他的特别法对承租人加以保护）。此外，承租权与作为物权的地上权（参见本书第 3 章第 1 节）不同，承租人不能自由进行转让或转租，必须得到出租人的承诺才可转让或转租（《日本民法》第 612 条第 1 款）。若承租人擅自转让或转租，出租人可以解除合同（《日本民法》第 612 条第 2 款）。但是，为了防止出租人滥用该规定，判例限定只有在因擅自转让与转租破坏出租人与承租人的信赖关系时，出租人才可以解除合同（称为**信赖关系破坏的法理**或**背信性理论**）。解除租赁合同等的持续性合同时，其解除的效力只面向将来发生，而不具有溯及力。

（2）承租人的义务与出租人的义务

承租人负有支付租金的义务，以及按照使用方法来利用标的物，合同结束时返还标的物的义务。出租人负有在租赁期间根据合同的宗旨，在可使用和可收益的状态下持续出租标的物的义务，例如对漏雨的标的房屋进行修缮是出租人的义务（《日本民法》第 606 条）。在承租人出资进行修缮的情形下，可向出租人请求偿还出租人应负担的必要费用（《日本民法》第 608 条第 1 款。若承租人超出必要费用支付了像改良房屋那样的有益费用，并且合同结束时该利益仍然存在，承租人可在合同结束时提出偿还请求。《日本民法》第 608 条第 2 款)。

(3) 承租人的保护

虽然租借公寓或为了居住租借土地均属租赁,但因为民法的租赁规定适用于所有租赁合同,在租赁期间等方面有很多规定对房屋与土地的承租人不利,所以1921 年(大正 10 年)制定了称为借地法与借家法的特别法。借地法适用于以建筑物的所有为目的的地上权与租赁权,借家法适用于房屋的租赁。这些特别法经过修改后土地承租人与房屋承租人的利益得到了充分的保护,特别是在"二战"结束后的住宅难的社会背景下,判例法理也朝着出租人难以解除合同的方向发展。

但是,这反而也导致出现出租人若没有充分的正当理由就难以解除合同的问题,近年认为这对出租人过于不利的意见正在增多。因此,1991 年(平成 3 年)新制定的借地借家法鉴于该问题,新设了一些考虑到出租人利益的制度,例如,由当事人设定的 50 年以上的期间届满时,承租人的权利完全消灭并无法更新的定期借地权(借地借家法第 22 条)。但该新法适用于其制定后订立的合同,之前订立的合同仍适用旧借地法与旧借家法。

以下对民法的规定与借地借家法的规定进行比较。①关于合同期限,修改前的民法规定最长为 20 年(这考虑到了卡车的租赁等各种情况),超出该期限的合同将被缩短到 20 年,但 2017 年修改时将 20 年延长为 50 年(第 604 条第 1 款)。相比之下,借地借家法规定土地承租权的存续期间为 30 年,当事人在合同中约定更长的期限时,以当事人约定的为租赁期限(借地借家法第 3 条)。该法对房屋租赁的最长期限未作限制,而租赁期间不满 1 年的租赁合同被视为未设定期间的合同(借地借家法第 29 条第 1 款)。关于这些期限的更新,借地借家法也设置了各种各样有利于承租人的规定。②在当事人之间未设定合同期间的情形下,民法规定,随时可以提出解除合同,土地租赁合同在提出解除 1 年后终止,而房屋租赁合同在提出解除 3 个月后终止(《日本民法》第 617 条第 1 款)。借地借家法规定,土地租赁的当事人之间未设定期间时,根据该法其期间为 30 年;关于房屋租赁,出租人提出解除合同时,必须具备自己有必要使用标的物等的正当理由(借地借家法第 28条),并且在提出解除的 6 个月后才能终止合同。

4. 使用借贷合同

使用借贷合同与作为反对给付获取租金的租赁合同不同,是无偿借贷的合同。因为此时只有无偿使用标的物的借用人获得利益,所以以往认为这种无偿、单务合同是不能只做口头约定,而在标的物交付时才会成立的要物合同。但在现代社会中除了亲属间的情谊性质的使用借贷合同以外,还有众多作为经济性交易的一环而订立的使用借贷合同,所以使用借贷合同被修改为仅凭合意即可成立的诺成合同（《日本民法》第 593 条）。使用借贷合同的担保责任准用赠与的规定（《日本民法》第 596 条），另外还设置了对单方面处于不利地位的出借人的保护规定，例如在当事人未设定合同期间时，借用人有义务在达到目的后立刻返还等。

5. 消费借贷合同

消费借贷合同是指借用人使用标的物后，返还同种、同等、同量之物的合同。例如，从邻居家借来大米吃完后以其他大米返还，或借钱后还钱即为消费借贷合同。银行贷款属于金钱消费借贷合同。关于返还同种、同等、同量之物的无利息的消费借贷合同（无偿合同），民法规定其为要物合同（《日本民法》第 587 条），但若是像银行贷款那样的附利息的合同（有偿合同），则一般认为也可以理解为诺成合同。

关于附利息的金钱消费借贷合同，其受到利息限制法①所规定的最高利率的限制，超过该限制的部分的利息的约定无效（限制范围内的部分的利息有效）。贷款业注册业者以往可根据贷款业规制法②以比利息限制法更高的利率订立金钱消费借贷合同（被称为灰色区域），但 2010 年施行的修改法对此加以禁止。

6. 承揽合同

（1）概述

委托工匠建造房子等属于承揽合同。这种承揽的特征在于不但提供劳动力，作为合同的目的还要完成一定工作。这是对完成的工作支付报酬的双务、有偿、诺成合同。报酬的支付与标的物交付是同时履行的关系（《日本民法》第 633 条）。演奏家进行演奏等也属于承揽的工作，这种无须交付的承揽在工作结束后支付报酬（《日本民法》第 633 条但书）。2017 年修改法规定，在工作途中因不属于定作人责任的事由而无法继续时，如果定作人通过承揽人所作出的部分可分的给付获得某种利益，那么可将该部分视为工作的完成，承揽人可请求支付部分报酬（《日本民法》第 634 条）。同时，修改法还考虑到了建筑等的承揽，关于解除的方法与担保责任，设置了一些承揽特有的规定（使用建筑业制定的标准合同时适用该规定）。

（2）担保责任

完成并交付的工作标的物有瑕疵时（如建筑物漏雨等），承揽人负有担保责任。虽然修改前的民法中有许多承揽合同特有的担保责任规定，但 2017 年修改法基本上准用买卖的合同不符合责任的规定，只设置了一些承揽特有的限制规定。就是说即使向定作人交付的标的物存在不符合合同的情况，若其是因定作人提供的材料的性质或定作人作出的指示所引起的，则定作人不能提出追加完全履行（修补）

---

① 利息限制法：1954 年制定。其旨在通过限制利息等保护在经济上处于弱势的债务人。——译者注

② 贷款业规制法：1983 年制定。2006 年经过全面修改后分阶段施行，2007 年更名为贷款业法，2010 年实现完全施行。其规定从事贷款业者应事先注册，并对该行业进行了必要的规制。——译者注

请求或报酬减额请求、损害赔偿请求等(若承揽人知道该材料与指示有问题却未告知定作人,则不在此限。《日本民法》第 636 条)。该规定在修改前就已经存在,其他承揽特有的规定多在修改中被删除,因此与买卖合同更加接近。

(3)解除

作为承揽合同特有的解除权,定作人在工作未完成前随时都可以在赔偿承揽人的损害后解除合同(《日本民法》第 641 条)。这是考虑到可能出现下订单后不需要的情况,当然只要赔偿承揽人的损失,解除合同也无妨。

7.委托合同

(1)概述

委托合同是委托他人办理事务的合同,该事务的内容可以是订立合同等法律行为,也可以是照看婴儿那样的事实行为。委托合同属于诺成合同,根据当事人的合意既可以是有偿的也可以是无偿的(由于是诺成合同,撰写委托书并非合同的成立要件)。委托合同原则上应由受托人本人履行受托义务,受托人在办理事务时必须尽到善良的管理人的注意义务(善管注意义务)(《日本民法》第 644 条)。

委托是以当事人双方的信赖关系为基础的合同,虽然原则上委托人中途可以解除合同,但是这种情况下受托人也可以请求到中途为止的费用与报酬(《日本民法》第 648 条第 3 款)。

在《日本民法》中,委托与代理(本书第 2 章第 3 节)不同,当然既有受托人成为代理人的情形,也有并非如此的情形。

如前所述,基于任意监护法的任意监护合同(本书第 2 章第 3 节)是本人因精神障碍处于判断力不足的状态,故就自己的生活与财产的管理事务向任意监护人授予代理权的委托合同。因此,若在作为特别法的任意监护法中没有规定,则将适用民法的委托合同的规定。

(2)委托人的义务(受托人的权利)

受托人在处理受托事务时支出的必要费用,可向委托人请求(《日本民法》第 650 条第 1 款。还可请求先付。《日本民法》第 649 条),同样受托人为处理受托事务替委托人承担债务时,可要求委托人代为偿还(《日本民法》第 650 条第 2 款)。此外,受托人为处理受托事务而受到损害且自己并无过失时,可向委托人请求损害赔偿(《日本民法》第 650 条第 3 款)。这从负有赔偿义务的委托人的角度看属于无过失责任。但是,这里的为处理受托事务而受到的损害是指,像在受托看护传染病患者时被传染那样的受托事务整体有危险的情形,而不包括像受托缔结合同却在去对方家途中发生交通事故受伤那样的情形。

8.寄托合同

让对方保管物品的合同为寄托合同。该合同在 2017 年修改前属于要物合同,其在约定一方当事人为对方保管物品并交付标的物时生效，修改后变为（达成合意即成立的）诺成合同（《日本民法》第 657 条）。委托保管的当事人为寄托人，进行保管的当事人为保管人。寄托分为无偿寄托与有偿寄托，无偿寄托的寄托人对于保管物的保管负有"与对待自己的财产一样注意"的责任（《日本民法》第 659 条）。其与委托等的善管注意义务（善良的管理人的注意义务）相比程度较低（有偿寄托当然要求尽到善管注意义务）。

9. 合伙合同

合伙合同是形成团体的合同之一，通过各当事人约定出资并运营共同的事业产生效力（第 667 条第 1 款）。在此出资不仅限于提供资金，也可以提供劳务（《日本民法》第 667 条第 2 款），但必须是运营某一共同事业。

合伙的特征之一在于共同出资、共同取得的合伙财产的共同所有的形态。虽然条文规定各合伙人的出资及其他合伙财产"属于全体合伙人的共有"（《日本民法》第 668 条），但有力的学说将合伙的共有形态称为"合有"。这是因为，如果是狭义的共有，那么存在各个共有人的份额比例，可按份额比例提出分割请求，但合伙的特征在于各个合伙人只拥有账面上的份额，而不能按照份额比例提出分割请求，所有合伙财产都属于合伙全体。合伙在交易中取得债权时，也同样应由全体合伙人提出请求（不能一人单独回收与自己的份额相应的部分）。

10. 其他典型合同

作为民法规定的其他典型合同，还有以金钱以外之物交换物的所有权的交换合同（《日本民法》第 586 条。可准照物与金钱交换的买卖合同来考虑）；雇人以提供劳动力的雇佣合同（《日本民法》第 623 条。目前一般公司等的雇佣合同适用劳动基准法[①]等特别法，民法的规定只适用于雇佣家庭佣人等情形，其重要性也有所降低）；一方当事人约定在当事人之一死亡前，向相对人或第三人定期给付金钱或物品的终生定期金合同（《日本民法》第 689 条。例如，首先得到成为原始资本的金钱或股份等，每当获得其利息或分红时，定期持续支付的情形，但在日本不太常见）；当事人之间互相让步停止纠纷的和解合同（《日本民法》第 695 条）。和解合同有当事人之间自愿订立的，也有诉讼中在法官的协助下订立的情形（另外，与和解类似的用语还有"示谈"。其当然有时候就是和解合同的意思，但和解是双方互相让步，而示谈则包括一方当事人放弃主张（在诉讼之外）来结束纷争的情形）。

----

① 劳动基准法：1947 年制定。其就劳动条件的最低标准作出了规定。——译者注

11．消费者保护与冷却期制度

(1) 冷却期制度

当事人既然订立了合同,就必须遵从信义诚实的原则履行债务,除非支付了解约定金,否则不能擅自终止合同。但消费者有时也会被奸商或推销员的花言巧语所蒙蔽,而一不小心就订立了合同。当然若存在欺诈或错误,则消费者可撤销意思表示或使其无效,若对方不履行债务,则可解除合同。但若只是说被推销员的花言巧语或当时的气氛所迷惑,则很多情况下难以构成欺诈(因为结果还是基于自己的判断订立了合同)。若对方按照约定准备好标的物或已经交付,则不能按债务不履行来解除合同。在这种情形下,为了对无法通过民法的规定得到保护的消费者加以特别保护,一些特别法规定了冷却期制度,通过设定一定的冷却期间,给消费者提供充分考虑及退出合同的机会。

在特定商事交易法(旧访问贩卖法)、分期付款贩卖法[①]、宅基地建筑物交易业法等中设置了冷却期制度的规定。这些法律规定,商家负有交付书面合同的义务,买家在收到书面合同交付之日起的一定期限内(访问贩卖法的规定为 8 天),可通过书面形式行使冷却期制度的相关权利(法条上规定的是撤回要约或解除合同)。但只有在特别法中有规定时才适用冷却期制度。

(2) 消费者合同法的成立

以上列举的特定商事交易法等以个别行业为对象的规制无法充分保护消费者的利益。针对不当的商品买卖、提供服务的合同以及恶意的销售方法,为了建立健全一般性法律以保护消费者利益,2000 年 4 月通过成立了消费者合同法,并于2001 年 4 月开始施行(适用于开始施行后订立的合同)。该法规定,消费者在以下任一情形下订立的合同可以撤销(这是即使不构成民法中的欺诈与胁迫也被承认的撤销权):就重要事项受到了虚假说明、就涨价等不确定事项受到了断定性说明、销售人员在自己家里久坐不去、被困在营业所不让离开。此外,该法还规定,消费者单方面受到不利待遇的合同条款("无论何种情形,商家不负任何责任"等)无效。

---

①　分期付款贩卖法:1961 年制定后经过了多次修改。其为确保分期付款等交易的公正性作出了相关规定。　——译者注

第 5 章　债权法(2)——侵权行为法

第 1 节　合同以外的债权发生原因

如第 4 章所述,债权各论规定了四种债权发生原因。其中合同最为重要,另外还有无因管理、不当得利、侵权行为。在这四种债权发生原因当中,无因管理与不当得利可以说是例外的债权发生原因,而侵权行为的重要性仅次于合同。虽然与条文的顺序有所不同,以下先从重要性较高的侵权行为开始解释。

第 2 节　侵权行为的学习重点

1. 何为侵权行为

侵权行为是指,因故意或过失不法对他人造成损害时,由侵害人承担损害赔偿责任的制度,由此发生受害人对侵害人的损害赔偿请求权。《日本民法》第 709 条规定,"因故意或过失侵害他人权利或受法律保护的利益者,应承担因此产生的损害的赔偿责任"。因为 2004 年修改前的民法规定的是"侵害他人权利",所以一直以来关于侵害不属于权利的利益是否构成侵权行为的问题存在争议。关于这一点现在被解释为"不法对他人造成损害",2004 年的民法修改也就此作出了明文规定。

因此,侵权行为的范围极为广泛,不仅包括交通事故、公害、医疗事故等事实性侵权行为,还包括营业利益的侵害(争抢顾客)、抢夺合同(被称为**积极性债权侵害**)等**交易性侵权行为**。赔偿对象不仅包括财产损害,还包括精神损害(所谓抚慰金)。

2. 侵权行为的损害赔偿的出发点

在此通过与刑事处罚的比较,来解释侵权行为制度的出发点。民事上的损害赔偿与刑事上的刑罚（包括罚金）是完全不同的制度。侵权行为不是作为处罚使侵害人承担损害赔偿责任，而是通过让侵害人补偿受害人的财产损害与精神损害来实现损害的公平分担。此外，某项行为构成刑法上的犯罪同时，也有可能构成民法上的侵权行为，但当然也存在只构成犯罪或只构成侵权行为的情形。这是因为存在侵权行为的成立要件与各种犯罪的构成要件不同的情形，从上述两项制度的出发点的不同来看，这也是理所当然的。例如，开车故意撞人导致对方受伤时，该行为构成侵权行为，侵害人应承担医疗费与因病停工期间的所失利益的损害赔偿责任，同时该行为还会构成刑法中的伤害罪。但是，若只因过失损坏对方车辆，则虽不构成刑法上的任何犯罪，但应承担侵权行为的损害赔偿责任。反之，即使构成刑法上的犯罪，若没有给他人造成财产损害与精神损害，则不会构成侵权行为。

3. 侵权行为的成立要件

《日本民法》第 709 条规定的一般性侵权行为的成立要件如下：（1）侵害人的故意或过失，（2）侵害行为的违法性，（3）损害的发生，（4）侵害行为与损害之间的因果关系。

（1）故意、过失

在此首先要解释被称为民法三大原则之一的"过失责任原则"。若不论有无故意或过失就要承担责任，则将妨碍个人活动的发展，因此为了确保个人的活动自由，民法采用的是只有存在故意或过失时才需承担责任的原则。虽然该原则现在基本上仍然有效，但伴随交易社会的高度发展，现代社会在各种局面下都可能发生损害，因此民法中局部性引进了无过失责任。此外，关于过失的概念，以往被理解为各个侵害人的主观上的疏忽大意，如今被理解为违反结果回避义务，即对于被认为是可预见的且加以注意就可避免的结果，未尽到回避义务。对于是否违反结果回避义务则可作出客观性判断。

关于侵权行为，侵害人的故意或过失应由提出赔偿请求的受害人来证明（这与合同当事人恰恰相反。合同当事人本来就有义务基于信义诚实的原则来履行合同，因此在合同发生债务不履行的情形下，对于不履行债务的债务人的故意或过失等归责事由，无需由提出损害赔偿请求的债权人来证明，而只要债务人无法证明自己没有归责事由，就应当承担赔偿责任）。

（2）违法性

第二要件是上述条文规定的对权利与利益之侵害的违法性（存在违法的侵害行为）。例如，在柔道比赛中，按照比赛规则使用技巧造成对方受伤的，一般缺乏违法性而不构成侵权行为。此外，为了避免受到对方攻击，却别无其他手段而只能造成对方受伤的情形，即所谓的正当防卫也不具有违法性（《日本民法》第 720 条）。

在是违法性的有无较为模糊的情形下，目前的多数说认为应该将受侵害的利益的种类、性质与侵害行为的形态联系起来作出判断（也就是说，即使受侵害的利益较小，若侵害行为恶劣，也会认为具有较强违法性）。但关于该违法性的要件，最近存在两种学说的对立，一种学说认为其有别于故意过失，另一种学说则主张将其与过失判断一元化（例如，在 Y 为了抢夺 XA 之间已订立的合同而强行与 A 订立合同的交易性侵权行为的情形下，因为这样的例子也有可能属于自由竞争的范围内，所以难以判断是否具有违法性。也有学说认为要构成侵权行为，需要 Y 具有（比故意更强烈的）损害 X 的意思（害意））。

（3）损害的发生

第三要件是损害的发生。即使作出了违法行为，若未给对方带来任何损害，则不会构成侵权行为。如前所述，该损害包括财产损害与精神损害（抚慰金）。财产损害包括医疗费等积极损害与因伤停工期间的所失利益等消极损害。受侵害的利益还包括名誉与隐私等人格利益（《日本民法》第 710 条）。关于生命侵害，因侵权行为死亡的受害人的父母、配偶、子女被特别赋予了抚慰金请求权（《日本民法》第 711 条），其他人若能证明受到了精神损害，应该认为也可以获得抚慰金请求权。

（4）因果关系

第四要件是因果关系，即必须存在因侵害行为导致发生损害的原因与结果的关系。但在受到公害等情形下，对受害人而言证明是何种有毒液体进入体内导致发病并非易事。因此判例指出，此时受害人无需进行严密的科学性证明，只要能证明盖然性即可。

（5）责任能力

虽然责任能力在内容上不同于成立要件，但要承担侵权行为的损害赔偿责任，侵害人必须具备责任能力（可承担侵权行为责任的能力）。也就是说，需要具备可认清自己的行为将带来的后果的智力或判断能力，若不具备该能力则将作为无责任能力人被免除侵权行为责任。

民法规定的无责任能力人包括不具备足以辨认行为责任的智商的未成年人（《日本民法》第 712 条）、因精神障碍而处于缺乏辨认行为责任的能力的状态的人（第 713 条）。关于前者，虽然需要根据个人情况作出个别判断，但一般认为 12 岁左右是一个标准。因此，即使幼儿园小朋友恶作剧的将石头放在铁轨上引起了脱轨事故，也不会被追究侵权行为责任，但若高中生作出同样行为，则即使其是未成年人（由于已具备责任辨认能力）也将被追究侵权行为责任。

关于后者，民法 713 条但书规定，因故意或过失使自己暂时处于缺乏责任辨认能力的状态的情形不在此限。例如，在故意喝酒大醉后使他人受伤的情形下无法免除赔偿责任。

即使根据第 712 条与第 713 条免除行为人的侵权行为责任,也并不意味着任何人都无需负责。如后所述,根据第 714 条的规定,对行为人负有监督义务的人(若是儿童则为作为法定代理人的父母等)将因违反监督义务,代为承担侵权行为责任。

4. 侵权行为的效果

(1) 金钱赔偿原则

侵权行为的赔偿方法原则上是金钱赔偿(《日本民法》第 722 条第 1 款)。但在损害他人名誉的情形下,为了恢复受害人名誉,法院可通过判决作出适当处分来代替损害赔偿或与损害赔偿一同实施,例如责令侵害人在报纸上刊登道歉广告等(《日本民法》723 条)。

(2) 损害赔偿的范围

关于损害赔偿的范围,条文上没有任何限制性规定,侵权行为所造成的全部损害原则上均为赔偿的对象。但是,还是有必要排除过于高额的请求(例如,在发生船舶冲突沉没事故之后短期内发生了战争,因此引起船舶租赁费用的急剧上涨时,受害人即船主以上涨之后的价格为标准计算损害赔偿金额并提出请求的情形)。因此判例指出,侵害行为与发生损害之间需要存在相当因果关系,这已经体现于民法第 416 条(在第 4 章的债务不履行的部分已经介绍),因此在此加以类推适用。虽然这种将损害赔偿限定在一般看来适当的范围内的见解自身并无不妥,但相当因果关系的理论是来源于德国民法,其关于损害赔偿的规定方法与《日本民法》不同,条文上未对赔偿范围作出限制,因此对通过相当因果关系来说明的方式也存在着质疑(关于债务不履行,日本已经在第 416 条中将损害分为通常损害与特别损害,并采用限制赔偿主义。因此,有意见认为没必要引进以德国的情况为前提的相当因果关系一词)。

(3) 过失相抵

交通事故等的受害人有过失时,法院可适用过失相抵即斟酌其过失决定赔偿金额(《日本民法》第 722 条第 2 款)。例如,对于 100 万日元的损害的发生,受害人一方也有 3 成过失时(例如,交通事故的主要原因在于驾驶人未充分注意前方,但受害人也存在突然冲到车道之过失的情形等),法院将会按照 7∶3 的过失比例作出赔偿金额 70 万日元的判决。

5. 特殊的侵权行为

(1) 概述

除民法第 709 条的一般侵权行为之外,民法规定了几种特殊的侵权行为。这些特殊侵权行为的特征是,其成立要件都多少带有无过失责任的要素。也就是说,即使不是自己所作出的行为,对于有特定关系的人所作出的行为,也要在一定范围内承担与自己的行为相同的侵权行为责任的情形（但如后所述，这些特殊侵权行为并非完全的无过失责任，而都附带一定的免责事由。例如，若被认为在选任与监督行为人方面充分加以注意则可免责）。

（2）无责任能力人的监督人的责任

如前所述，在无责任能力人作出侵权行为的情形下，民法规定由其监督义务人（例如，小学低年级儿童的监督义务人为其父母等，心神丧失人的监督义务人为监护人或精神病医院的院长等）或其代理监督人（小学生的情形为小学校长等）承担赔偿责任（《日本民法》第714条第1款第2款）。虽然该条文也规定未怠于履行监督义务时则可免责，但未怠于履行监督义务的主张要得到承认并非易事。

（3）使用人责任

民法第715条的使用人责任是指，对为了事业而使用的被使用人的侵权行为，不仅被使用人本人应承担责任，而且使用人或代替使用人进行监督的人也一同承担责任。但是，该使用人责任同时规定，若使用人与监督人被认为对选任和监督被使用人已尽到相当的注意义务则可免责，并且对受害人进行了赔偿的使用人与监督人可向作出侵权行为的被使用人求偿（第715条第3款）。关于该求偿规定，在有些情况下最终被使用人被迫全部支付则并不合理，因此最近的判例与学说认为基于信义则也存在无法全部求偿的情形。

（4）共同侵权行为

民法第719条就共同侵权行为作出了规定。例如，在因被多人的殴打而受伤的情形下，当然由多人各自承担连带责任；而在不知道是被其中哪个人的拳头击中导致失明的情形下，若说由于无法特定侵害人而无法请求赔偿，则缺乏对受害人的保护，因此，在该情形下同样由多人各自承担连带责任（A、B、C的殴打导致D受伤时，D可向A、B、C中的任意一人提出赔偿请求）。这种逻辑也适用于X车与Y车发生碰撞事故导致行人Z受伤的情形（其为X与Y的共同侵权行为）。此外，唆使他人实施侵权行为的教唆人与帮助他人实施侵权行为的帮助人也被视为共同行为人（《日本民法》第719条第2款）。

（5）动物占有人的责任

动物的占有人或代替占有人保管动物的保管人，应承担该动物给他人造成的损害的赔偿责任（《日本民法》第718条第1款第2款）。例如，逃跑的宠物咬伤他人时，其占有人（不论是否是所有人，只要实际饲养该宠物就是占有人）应承担赔偿责任，宠物从正在住院的动物医院逃跑导致他人受伤时，动物医院的院长作为代理保管人应承担赔偿责任。逃跑的宠物咬伤他人时适用第718条，而所有人故意使宠物咬伤他人时，该行为属于第709条规定的所有人自身的侵权行为。

（6）土地工作物责任

对于因建筑物与围墙等土地上的工作物的保存与设置存在瑕疵而给他人造成损害的情形（例如围墙倒塌导致行人受伤的情形），《日本民法》第 717 条规定了三层构造的侵权行为责任。即因工作物发生侵权行为时，首先由直接支配该工作物的占有人（例如房屋的承租人）承担赔偿责任；若占有人为了防止损害的发生已尽到必要注意，则由工作物的所有人（例如房屋的出租人）承担损害（《日本民法》第 717 条第 1 款）；关于损害的发生另外应有人承担责任时（例如，因承揽人偷工减料导致围墙倒塌的情形），已向受害人作出赔偿的占有人或所有人可以对该应承担责任的人（例如上述承揽人）行使求偿权（《日本民法》第 717 条第 3 款）。

6. 关于侵权行为的其他规定

关于胎儿的损害赔偿请求权，民法规定胎儿视为已经出生（《日本民法》第 721 条）。例如，在丈夫因交通事故去世时留下怀孕的妻子的情形下，可提出妻子与胎儿的双人份的损害赔偿请求。这是以受害人的保护为目的的规定。

此外，关于侵权行为的损害赔偿请求权，民法设定了双重时效期限，一是自行为时起 20 年，二是自知悉损害与侵害人时起 3 年（《日本民法》第 724 条）。

7. 机动车损害赔偿保障法

发生机动车交通事故时，适用作为民法的特别法的机动车损害赔偿保障法[①]。该法通过"运行供用人"的概念，规定了机动车的所有人等实际驾驶人员以外的一定者（多与驾驶人员一致）也负有赔偿责任（实际驾驶人员当然负有民法第 709 条的侵权行为责任）。同时，该法还建立了强制性的损害赔偿责任保险制度，要求机动车所有人必须加入该保险，发生事故时从中支付赔偿金。因此，机动车事故的受害人首先通过该保险来填补损害，若仍有不足则再就不足部分提出侵权行为的损害赔偿请求（此外，该法只以医疗费等人身损害为对象，而物的损害并非其对象，因此关于受害人的衣物等损害，需要根据民法第 709 条提出损害赔偿请求）。

8. 产品责任法

因产品缺陷造成他人损害时，适用 1995 年 7 月起施行的产品责任法（由于产品责任的英语表述为"Product Liability"，该法基于首字母缩略法一般被称为"PL 法"）。简而言之，该法将侵权行为的"过失"的要件置换为产品的"缺陷"的概念，规定因交付的产品的缺陷造成他人的生命、身体或财产受到侵害时，产品制造商负有损害赔偿责任（产品责任法第 3 条）。但在该损害只发生在该产品本身的情形下，不负该法规定的责任（产品责任第 3 条但书）。因为该法是作为民法的特别法与民

---

① 机动车损害赔偿保障法：1950 年制定后经过了多次修改。—— 译者注

法并存(适用顺序为首先适用特别法,特别法中没有相应规定时,再适用作为一般法的民法),所以在该情形下关于该产品本身的损害,当然可以追究上述民法中的债务不履行责任、合同不符合责任、一般侵权行为责任(参见产品责任法第 6 条)。

关于这样的特别法,理解其制定理由非常重要。例如,在使用购买的家电时起火引发房屋火灾的情形下,作为损害赔偿请求的对方可以想到的是销售商与制造商。但就销售商而言;很可能由于无法知晓产品存在这样的缺陷,不具备追究买卖合同的债务不履行责任所需的归责事由,并缺少追究侵权行为责任所需的过失要件。此时,买主只能对销售商追究 2017 年修改前民法规定的(即使无过失也可追究的)瑕疵担保责任。但在追究该瑕疵担保责任时,因为其为民法为了实现买卖合同的等价性而规定的即使无过失也承认的责任,所以通说认为只能得到相当于该产品价款的损害赔偿。另一方面就制造商而言,制造商并非买主订立买卖合同的直接相对人,因此难以追究合同的债务不履行责任。虽然不是直接的合同的相对人当然也可以追究侵权行为责任,但此时受害人需要证明侵害人的故意或过失。而对于外行的消费者来说,很难证明在制造过程当中制造商究竟有何过失,因此制定了无需证明过失而只要证明"缺陷"即可追究制造商责任的产品责任法。缺陷的定义为"该产品缺乏通常应具备的安全性"(产品责任第 2 条第 2 款),因此例如在正常使用电视时起火的情形下,证明缺陷会比过失容易很多。

该法所规定的"制造商等"不但包括以制造、加工或进口该产品为业者,还包括(即使没有自己制造)主动作为制造商在产品上标注姓名、商号、商标等者(产品责任第 2 条第 3 款)。

但是,对于不管具有多么高水平的技术也发现不了的缺陷所造成的受害,若将其作为赔偿的对象则对制造商过于残酷。因此,该法规定了"研发风险的抗辩",即若制造商能证明通过产品交付时的科学技术无法识别缺陷,则可免除赔偿责任(产品责任第 4 条第 1 项)。

第 3 节　无因管理与不当得利的学习重点

1. 无因管理

(1) 意义

第三种债权发生原因为无因管理,仅从字面无法想象其内容,具体指的是未受他人委托却作出有利于他人的事情的例子。如本书第 4 章所述,就委托他人办理事务达成合意时,其为委托合同,此时受托人不仅可向委托人请求委托事务的必要费用,关于报酬另有约定时还可行使报酬请求权。但在以下例子中,因为未受委托所以并非委托合同——在邻居全家出门旅游期间,台风来袭致邻居家的围墙受损,考虑到置之不理极其危险,故在未受到任何委托的情况下,自行修理了邻居的围墙。虽然在该情形下不存在委托等的合同,但若法律对于这种情况不作出任何评价,则反而可能因擅自干涉他人财产而构成侵权行为,最终导致社会上的互相帮助的行为趋于消失。因此,民法规定在该情形下,虽然不能请求支付报酬,但可请求返还所花费的费用(对本人有益的费用)——这就是无因管理(《日本民法》第 697 条以下)。

（2）成立要件与效果

要构成无因管理,至少在作出管理行为时没有明显地违反本人的意思与利益。构成无因管理时,其行为的违法性将被否定而成为合法的行为,管理人将取得对本人有益的费用的偿还请求权(《日本民法》第 702 条第 1 款)。此时,若管理人已支付费用,则可向本人请求偿还;若管理人只是负有债务(例如,为修理邻居的围墙请了修理公司,但费用尚未支付),则与委托合同相同,可请求本人代为支付(根据《日本民法》第 702 条第 2 款准用第 650 条第 2 款)。

管理人一旦开始进行管理行为,就与委托合同中的受托人一样负有善良的管理人的注意义务,必须以最符合本人利益的方法而进行管理(《日本民法》第 697 条第 1 款)。但是,在管理人为了在发生紧急危险时救助本人而进行无因管理的情形下,除非存在恶意或重过失,否则不负因此产生的损害赔偿责任(也就是说,即使拯救溺水的他人时撕破了其衣服,只要不是明知无需撕破而故意撕破的,就不承担责任)。这种情形属于紧急无因管理(《日本民法》第 698 条)。

2. 不当得利

（1）意义

第四种债权发生原因为不当得利。不当得利是指,没有法律上的原因而获得利益的情形,例如,本应该汇给他人的金钱阴差阳错进了自己的账户的情形。此时,作为不当得利,真正权利人可提出返还请求。

关于不当得利,返还请求权的范围根据受益人的善意与恶意存在差异。不知道其不是自己应得的利益的善意受益人的返还义务以现存利益为限,即以现在还存在的利益为限加以返还即可(《日本民法》第 703 条)。知道其不是自己应得的利益的恶意受益人则应当返还所获得的一切利益及其利息,并且,给真正权利人造成损失时必须加以赔偿(《日本民法》第 704 条)。

（2）成立要件

构成不当得利需要具备以下要件:①受益的发生;②损失的发生;③受益与损失之间的相关性(受益与损失需要因同一事实发生);④受益缺乏法律上的原因。因此,即使有所受益,而未给任何人带来损失时,不构成不当得利(当然在此时的损失既包括实际财产的减少,也包括所谓的财产未增加,即若没有不当得利本来财产将会增加）。并且，受益与损失的数额不同时，其中数额较小的将会成为不当得利的返还范围。例如，某人的损失为 50 万日元，而受益人的受益额（也得益于受益人的才能）为 100 万日元时，不当得利的返还范围为 50 万日元。

（3）效果

如前所述，返还请求权的范围根据受益人的善意或恶意存在差异。不知道其不是自己应得的利益的善意受益人的返还义务以现存利益为限，即以现在还存在的利益为限加以返还即可（《日本民法》第 703 条）。知道其不是自己应得的利益的恶意受益人则应当返还所获得的一切利益及其利息，并且，给真正权利人造成损失时必须加以赔偿（《日本民法》第 704 条）。即善意受益人所得到的是物品时，若在不知情的情况下用坏了该物品，则返还处于损坏状态的该物品即可。若善意受益人所得到的是金钱，则看似只要返还手头现有的部分即可，但在受益人将其充当生活费的情形下，已支出的生活费也被视为现存利益。

（4）不当得利的例外

即使是没有法律上的原因的受益，也存在一些无法请求返还不当得利的例外。其中之一为**非债清偿**，即明知不存在债务而故意进行清偿的情形（《日本民法》第 705 条）。另外还有不法原因给付的制度（《日本民法》第 708 条），即基于不法原因作出的给付不能请求返还，其与违反公序良俗（《日本民法》第 90 条）的法律行为的规定（本书第 2 章第 3 节）相对应。例如，订立以赌博输了付钱为内容的合同时，因其违反公序良俗而合同无效，而基于无效合同不会发生债权与债务，因此即使输了也无需付钱。但若已赌输了并支付金钱，则即使事后以合同无效为由告到法院，也无法收回已支付的金钱。法律不会帮助主动作出反社会行为后因处于不利地位而要求恢复原状的人（否则将导致出现反社会行为得到法律保护的结果）。不法原因给付反映了自古以来在英国等被提倡的 Clean Hands 原则（人必须带着干净的手进入法庭）。

第6章 债权法(3)——债权总论

第1节 债权总论的概述

1. 债权总论的内容

如本书第4章所述,债权总论是对债权的性质、效力及其转移、消灭作出规定的部分,其对应的是民法典第3编债权的第1章总则。该章第1节为债权的目的,这里的目的所指的并非动机或意图,而是债权的内容或对象的意思。第2节为债权的效力,就合同当事人不遵守或有可能不遵守债权的约束力的情形作出了规定,具体包括债务的强制履行、债务不履行的损害赔偿、责任财产的保全。其中关于债务不履行的损害赔偿,在第4章已经作出了部分说明。第3节是关于复数当事人的债权债务关系的规定,即存在复数债权人或债务人时的问题。第4节为债权转让,即通过合同将债权转移给他人的问题。最后,第5节是关于债权的清偿等债权消灭的问题。

2. 债权的基本性质

如前所述,物权是可向任何人主张的具有排他性与绝对性的权利,因此其种类由法律作出规定。相比之下,债权是特定人可向特定人请求某些给付的权利,其只是在当事人之间具有效力的相对性权利(债权的相对性)。正因为如此,债权具有自由创设性,即当事人在不违反公序良俗的范围内可以自由创设内容千差万别的债权。并且,债权既不具有像物权那样的排他性,也没有像物权的一物一权主义(一物之上只成立一个物权)那样的限制。例如,A歌手与B剧场订立演出合同之后,与C剧场也订立了相同时间的演出合同时,由于两个合同均有效,B对A的让其演出的债权与C对A的同样的债权都会成立(此时,B与C处于平等地位,均不享有优先权。即所谓的债权人平等的原则）。当然，歌手 A 的身体只有一个，因此 A 只能参加其中一个剧场的演出，但另外一个剧场所拥有的债权并不是说就因此消灭，而只是变为 A 的债务不履行所引起的损害赔偿请求权。

因为债权是相对性权利，所有基本上只对相对人具有请求力与诉求力（通过诉讼来实现之力），即使受到了第三人的妨碍基本上也无法加以排除，而只能像上述例子那样在相对人有归责事由时以债务不履行为由请求赔偿。但作为例外，在租赁权进行了登记的情形下（在一般情况下，除了债权的转移，关于债权的存在没有公示制度，而租赁权则有登记制度），判例与学说认为，对于无权利的第三人的妨碍，已登记的租赁权可基于租赁权自身提出妨害排除请求。当然，关于其他债权，若遇到像上述交易性侵权行为那样，被恶意抢夺合同而受到侵害的情形，则在其构成侵权行为时可请求赔偿损害。然而，之所以这样只是因为其构成了侵权行为，并非可通过债权自身之力对第三人请求赔偿。

3. 债权总论规定的意义——在交易实务中的重要性

债权总论与下一章的担保物权法都是反映了交易社会中最复杂的利害关系的领域。因此，若能够掌握相关交易的实际情况，则可加深对所学内容的理解。应注意的是，债权的担保、管理、回收等企业法务的重要事项几乎都与债权总论和担保物权法有关。

关于担保具体包括以下两种：以物即动产或不动产为担保获得融资的情形属于**物的担保**，而没有可供担保的合适的动产或不动产时，债务人将他人的财产全体作为担保的情形属于**人的担保**。人的担保的代表为后述的保证。关于人的担保，由于作为担保的他人的财产将会增减，与物的担保相比缺乏安定性。但是物的担保需要办理登记或物的交付等繁杂的手续，而人的担保非常简便，只要有一纸书面合同即当事人之间的合意即可。

并且，最近以债权自身为担保获得融资，以及企业为了筹集资金而出售债权的做法日渐盛行。虽然民法上的债权具有可转让性，但当初制定条文时并未料到会如此频繁地转移债权，而今日企业等则积极通过转移债权来筹集资金。这被称之为债权的流动化。这样的最前沿的问题也与债权总论有关。

第 2 节　债权总论的学习重点

1. 债权的种类

在合同自由的原则下可创设出千差万别的债权，而对债权可作出几种分类。其中比较重要的是特定物债权与种类债权的分类。

（1）特定物债权

在绘画作品或土地的买卖的情形下，因为没有完全相同的绘画或土地，所以债权内容为请求特定物的给付。这被称之为特定物债权。关于特定物债权，债务人在履行前对保管标的物负有善管注意义务（《日本民法》第 400 条。因此，买卖的标的物为特定物时，若标的物在合同订立后交付前因雨淋而破损，则构成债务不履行而承担损害赔偿责任。若标的物在交付之前灭失，（因为没有可代替物）则债权当然因履行不能而变为损害赔偿债权。

（2）种类债权

① 概述

在购买某品牌的啤酒时，其为有可代替物的种类物的债权。虽然对种类债权（因有可代替物）民法并未规定债务人的保管义务，但标的物在履行前灭失时，债务人负有从市场筹集同种之物的义务（即酒行在店里将需要送货上门的啤酒的瓶子打碎时，有义务准备同种类的其他啤酒）。此外，在当事人只是就"建筑用杉木板"的数量达成合意，而未就标的物的质量作出约定的情形下，（若从合同的性质等来看也无法确定）债务人必须从同种之物中选择给付中等质量的标的物（《日本民法》第 401 条第 1 款）。

② 种类债权的特定

但在上述啤酒买卖的例子中，在合同履行过程中也将会出现在同种类啤酒中确定"这一打"的场面。若是送货上门，则一般在送到买主家交付之前不会被确定，而若是到店里买威士忌酒，则指定货架上的某一瓶并要求包装时就得以确定。这就是种类债权的"特定"。民法规定，债务人完成交付所需的行为或经债权人同意指定交付之物时，该物从此成为债权的标的物（《日本民法》第 401 条第 2 款）。经特定后种类债权将被作为特定物债权来对待，债务人对特定后的标的物负有善管注意义务（虽然保管义务得到了强化，但当其灭失时只会变成损害赔偿债务，而不负有从市场筹集类似之物的义务）。

③ 限制种类债权

作为种类债权的形态之一，在特殊范围（存在领域）内限定种类的债权被称为限制（限定）种类债权。例如在交付 A 公司仓库中的"越光"牌大米 300 公斤的交付债权的情形下，即使是在特定前，只要该范围内的标的物灭失就构成履行不能，不负有从市场筹集的义务（仓库里的"越光"牌大米烧毁时，只会剩下损害赔偿义务）。

（3）金钱债权与法定利率

要求支付金钱的债权（金钱债权）可谓是最彻底的种类债权（由于金钱不会从世界上消失，所以不会构成履行不能。《日本民法》第 419 条第 3 款），民法设置了一些金钱债权特有的规定。关于金钱债权，民事的法定利率为年 3％（《日本民法》

第 404 条）。民法此前规定法定利率（适用于合同中未规定利率、债务不履行或侵权行为的迟延损害金等情形）为"年 5％"，但 2017 年修改下调到年 3％（《日本民法》第 404 条第 2 款），并以 3 年为一期，可参考市场短期利率等进行调整（《日本民法》第 404 条条第 3 款以下）。这应该说是合理的修改（欧美很多国家施行变动利率）。同时商事交易的法定利率的规定（日本商法第 514 条规定为年 6％）也将被废除。

在这里存在一个问题——在计算损害保险等的"所失利益"时采用的中间利益扣除。在日本保险金的支付不是分期支付，而一般为一次性支付。在该情形下，比如说 10 年的所失利益，因为本来应该是每年逐渐获得的金额变为一次性支付，所以保险公司就要从总额中将每年的法定利息扣除后进行支付。当法定利率下调时，中间利息扣除额也将减少，因此受益人在同样的事故中可以得到比以前更高的保险金（该修改可以说结果有利于受益人，所以保险公司为了确保收益有可能上调保险费）。

（4）本金债权与利息债权

在金钱借贷中存在本金债权与利息债权，对于已发生的利息债权可以将其分离处理。例如，借款债权为 500 万日元，每年的利息为 25 万日元时，当然可以就本金债权（附有利息合同）进行转让，也可以就前一年已发生而未得到偿还的 25 万日元的利息债权单独进行转让。

（5）选择债权

可从几个选项中选择给付的标的物的债权被称为选择债权（《日本民法》406条），例如当事人双方约定给付的标的物定为"汽车一辆或现金 100 万日元"等。选择债权中的选项存在明显的个性差异，与种类债权的"（相同种类的）这一打啤酒或那一打啤酒"完全不同。

2. 债务不履行

（1）债务的强制履行

在相对人不按约定履行债务时，在国家机关的协助下强制实现履行的方法被称为强制履行（债权人原则上不得自己强制债务人履行（**自力救济**））。民法（《日本民法》第 414 条）与民事执行法规定了以下三种强制履行的方法。

① 直接强制

不顾债务人的意思，国家机关强制其支付金钱或交付物品的方法。执行官前往债务人处执行。

② 代替执行

让第三人实现债权内容后，其费用由国家机关向债务人收取的方法。例如，建筑商在施工期间突然停工时，让其他建筑商继续施工，费用向原建筑商收取的情形。

③ 间接强制

至债务人履行债务为止，通过法院对债务人课以一定的金钱支付义务，给债务人施加心理压力以实现债务履行的方法。例如，在持续违反不发出噪音的债务时，可以采用此方法（作出"命令每天支付几十万日元直至停止发出噪声为止"等的判决）。以往在日本，可进行直接强制时就不允许采用代替执行，间接强制只有在无法进行直接强制和代替执行时才可以采用，但在 2003 年的民事执行法修改中扩大了间接强制的使用范围。

（2）债务不履行的损害赔偿

① 概述

如果第 4 章所述，债务不履行包括履行迟延、履行不能与履行不完全的三种，无论是哪种只要没有按照合同履行债务，就构成债务不履行，债权人可以请求损害赔偿。但根据合同内容或社会通念被认为债务人不存在归责事由时，可免除债务人的责任（《日本民法》第 415 条）。这是对 2017 年修改前关于民法上债务人要承担债务不履行责任必须要有归责事由的解释的修改。即归责事由不是债务不履行的成立要件，而没有归责事由是免责要件（如在发生地震导致交通瘫痪等不可抗力的情形下，即使发生履行延迟等，也因为没有归责事由而不承担债务不履行责任）。

② 损害赔偿的范围

《日本民法》规定，因债务不履行通常会发生的损害（通常损害）当然属于赔偿范围，但关于因特别情况发生的损害（特别损害），只有债务人存在预见可能性（应该预见）时才属于赔偿范围（《日本民法》第 416 条。被称为限制赔偿主义）。何为通常损害、何为特别损害只能根据具体情况决定。例如，为了换房而订立房屋买卖合同时，若因交房延迟造成一个月的临时租房，这一个月的房租一般可以认定为通常损害。但在买主为了转卖获利的情形下，若因交房延迟造成转卖取消，则买主受到的相当于转卖利益的损害一般认定为特别损害。只有在债务人事先知道或应该预见到该转卖的情形下，才属于赔偿范围。

③ 过失相抵

关于债务不履行所造成的损害的发生或扩大的损害赔偿，有时会考虑债权人一方的过失而减少赔偿额（《日本民法》第 418 条。与上述侵权行为的过失相抵（《日本民法》第 722 条）几乎相同。参见本书第 5 章第 2 节）。

④ 损害赔偿额的预定

当事人可事先约定损害赔偿额（但有可能因违反《日本民法》第 90 条的公序良俗规定而无效。《日本民法》第 420 条第 1 款）。预定赔偿额一方面是因为事后计算非常麻烦,另一方面设定较高的赔偿额可起到抑制相对人的债务不履行的作用。

⑤ 赔偿人的代位

在债权人得到其债权的标的物或权利的全额赔偿时,债务人自然就该物或权利取代债权人的地位。这就是所谓的赔偿人的代位(《日本民法》第 422 条,具体参见后述 3(1))。例如,在遗失根据合同保管的物品并向债权人作出全额赔偿后,若债务人找到了该物,则将(取代原所有人)取得该物的所有权。

(3) 债权人的受领迟延

债务人要按照约定履行而债权人不受领的情形称为受领迟延。民法第 413 条规定,在债务人提供清偿(提供清偿是指,债务人按约定将标的物送到债权人处,或按约定做好交付准备并通知债权人来提取),而债权人拒绝接收或无法接收的情形下,债务人可免除债务不履行的赔偿责任,标的物保管义务的程度也将从原来的善管注意义务降到与保管自己物品同等的注意义务(《日本民法》第 413 条第 1 款。关于"与对待自己的财产一样注意"参见第 4 章无偿寄托合同)。若因此造成履行费用增加,则增加的部分也由债权人承担(《日本民法》413 条第 2 款)。关于标的物在交付前灭失时的风险承担,不论当事人之间事先作何约定,在提供清偿后风险承担都将转移到债权人(《日本民法》第 567 条第 2 款)。但是,这些究竟是受领延迟的效果还是提供清偿的效果(《日本民法》第 492 条)则存在争议。

多数说认为受领迟延只具备上述限度的法定效果,并不构成债权人的"债务不履行"(也有学说认为债权人负有受领债务,受领迟延构成债务不履行)。也就是说,债务人一方不能反过来向债权人提出解除或损害赔偿的请求。但最近的有力说对此提出了折衷的主张,认为关于买卖合同等债权人负有领取义务的合同,受领迟延可认定为该义务的债务不履行(修改后应该将根据个别判断,若是被认为存在受领债务的合同,则将构成债务不履行)。

3. 债权人的权能(责任财产的保全)

(1) 何为责任财产的保全

向银行申请贷款时,通常银行都会要求提供担保。但若是长期以来一直采购本方产品的交易对方,则多数情况下即使有应收账款也不会要求一一提供担保,而会凭借信赖关系来持续交易。相对于可从担保中优先获得清偿的债权人,此时的债权人被称为一般债权人。为了确保一般债权人的债权得到实现,债务人必须拥有相应的财产。这种可以使一般债权人实现债权的债务人的可处分财产的全体称为责任财产。责任财产会随着债务人的经济状况像气球一样时而膨胀时而萎缩。简单而言,对于 100 万日元的债权,若债务人的责任财产为 100 万以上则没有问题,而若责任财产只有 80 万日元或 60 万日元,则无法全额回收债权。因此,民法设置了相应的制度,使处于不安定立场的一般债权人可在一定情况下代替债务人行使债务人的债权,并可对债务人的财产处分等加以干涉以确保责任财产的大小。这就是债权人代位权与欺诈行为撤销权。但是,因为债务人本来就有权自由处分自己的财产,所以这种干涉应限定在债权人保全自己债权的最低限度内(这里的代位是取代其地位的意思,与代理不同。参见本章第 2 节的"清偿代位")。

(2) 债权人代位权

① 概述

债权人 A 对债务人 B 拥有 100 万日元的应收账款债权,而 B 除了对自己的债务人 C(在 A 看来是第三债务人)有 150 万日元的未回收债权外没有什么有价值的财产,并且由于 B 一直未请求 C 履行该 150 万日元的债权,这样下去其将因时效而消灭。在该情形下,A 可以基于债权人代位权取代 B 的地位向 C 提出债权请求(《日本民法》第 423 条)。也就是说,债权人代位权是为了保全自己的债权,代替债务人行使其对第三债务人拥有的权利(被代位权利)的制度(这是债权人固有的权利,而不是作为代理人来行使)。

② 效果

此时,A 只能在自己的债权即 100 万日元的范围内请求履行(《日本民法》第 423 条之 2)。另外,因为是代替债务人作出的履行请求,故得到清偿后本应该先还给 B,但若 A 从 C 得到的是金钱,则可通过该金钱与自己对 B 拥有的债权相抵销,实际上得到优先清偿(《日本民法》第 423 条之 3)。

③ 适用范围与行使要件

债权人代位权也可以为了保全金钱以外的特定债权(请求作出支付金钱以外的特定给付的债权。如租赁权或转移登记请求权等)而行使。例如,在 A 租赁 B 的土地,而无权利人 C 擅自占据和使用该土地从而侵害了 A 的租赁权的情形下,由于租赁权为债权,只要没有登记(《日本民法》第 605 条)或其他对抗力,A 就不能对抗其他第三人(即 C 等)。此时为了保全自己对 B 的租赁权,A 可代位行使 B(作为土地所有者拥有基于所有权的妨害排除请求权)对 C 的妨害排除请求权。但是,关于债务人的离婚请求权等只有债务人本人才可以行使的权利(行使上的一身专属权)以及被禁止扣押的权利,不能进行代位行使(《日本民法》第 423 条第 1 款但书)。

由于债权人代位权将会干涉他人的债权处理,只有代位权行使人有必要保全债权时才可以行使。因此,被保全债权为金钱债权时,债务人无资金能力是代位权行使的要件。但是,被保全债权为登记请求权等特定债权时,若没有其他保全权利的方法,可不考虑债务人有无资金能力就行使代位权(《日本民法》第 423 条之 7)。

(3) 欺诈行为撤销权

① 概述

欺诈行为撤销权也可称为债权人撤销权。在上述的例子中,B 为了躲避债权人的追究,将作为唯一财产的价值 500 万日元的土地赠与给亲戚 D 后失去了一切资金能力。此时,A 为了保全自己的 100 万日元债权,可以将 BD 之间的赠与合同作为欺诈行为加以撤销(第 424 条)。欺诈行为撤销权制度的目的在于通过撤销欺诈行为,将从债务人的责任财产中逃逸的财产追回到责任财产(可比喻为将债务人故意缩小的责任财产的气球恢复到原来的大小)。

② 效果

欺诈行为的可撤销范围原本仅限于债权人的债权受到侵害的部分。因此,债权人 A 的债权为 100 万日元,而 B 向 D 赠与 500 万日元时,只能以 100 万日元为限度加以撤销(《日本民法》第 424 条之 8)。但由于土地是不可分割的,故对赠与整体加以撤销,然后将形式上回归 B 的土地竞拍,A 从中收回 100 万日元。此时,A 以外的一般债权人也可以参与回收。

撤销权的确定判决对债务人与所有债权人均有效力(第 425 条),在金钱等的情形下,实际上与代位权的情况相同,行使撤销权的债权人可优先回收。具体而言,撤销以金钱给付等为对象的欺诈行为时,以债务人(B)有可能不接受回归的财产等为由,债权人(A)可请求直接给付并加以受领(《日本民法》第 424 条之 9),通过将受领的金钱与自己可向 B 请求的债权相抵销(本书本章Ⅱ6(5)),可优先得到清偿。

③ 要件

欺诈行为撤销权与代位权不同,被保全债权仅限于金钱债权。欺诈行为通过行为的形态具有欺诈性这一客观要件(具体参见《日本民法》第 424 条之 2,第 424 条之 3 等规定),与行为人损害债权人的意思及受益者的恶意这一主观要件的相关性来认定。此外,代位权可以在判决外行使,而撤销权(由于其效果较强)必须要在诉讼上行使。

④ 出诉期间

关于欺诈行为撤销权,若从债权人知道取消原因时起已超过 2 年,从行为时起已超过 10 年,则不能提起诉讼(《日本民法》第 426 条)。

4. 多数当事人的债权关系

(1) 多数当事人关系的学习重点

在一个合同中有复数的债权人或债务人时,将会出现一些与一对一的情形所没有的问题。虽然存在分割债务或不可分债权等几种种类,但假设债务人为复数,债权的内容为金钱时,应理顺的问题就是,①债权人对复数的债务人如何请求以及请求多少(对外关系),②复数债务人之一与债权人之间发生的事由,例如只有一个人被免除支付等,会对其他债务人产生什么影响(影响关系),③一个人支付以后可否向其他人求偿(债务人内部的求偿关系)。第一个重点是,需要将这 3 点按照复数当事人关系的种类加以整理。第二个重点是,当事人复数的关系会起到债权的担保作用。但并不是所有种类都具备担保功能,在条文中倒数第二个出现的连带债务的担保功能较强,最后出现的保证债务则正是为了担保将当事人变为复数。

（2）分割债权与分割债务

民法规定,在一个债权上存在复数的债权人或债务人时,若当事人之间没有特别的合意,原则上在债权人或债务人之间进行分割(《日本民法》第 427 条)。此时,若当事人未另作约定则平等分割。例如,3 个债务人从银行借款 300 万日元,每个人负有 100 万日元的债务(分割债务);将 2 人共有的物品以 300 万日元卖给一个债权人,每人各拥有 150 万日元的债权(分割债权)。但若将该原则的范围扩大,特别是在分割债务的情形下,经常会出现对债权人不利的结果(参见后述的(4)连带债务)。

（3）不可分债权与不可分债务

根据标的物的性质无法分割给付时,当然不能作为分割债权或分割债务,而应一次性履行(参见《日本民法》第 428 条,第 430 条)。例如,在 1 辆车的买卖合同中有两个买主时,不可能将车辆分割为两个部分,因此只能是其中一个买主得到交付,而另一个买主也从中得到满足(不可分债权。A 和 B 共有的公寓租借给 C 时,其房租也属于不可分债权,不能说只支付一半)。两个卖主将共有的 1 辆车卖给一个买主时,只要其中一个卖主将车辆交付买主,就等于另一个卖主也履行了债务(不可分债务)。

（4）连带债务

① 连带债务的意义

虽然在个人的实际生活中最重要的是保证债务,但在此之前有必要先了解连带债务。例如 BCD 3 人为了共同开店,从 A 银行贷款 900 万日元的情形。如前所述,民法规定,银行 A 与债务人 BCD 之间没有其他约定时,其原则上为分割债务(《日本民法》第 427 条)。但若只是单纯的分割债务,则当债务到期时,A 只能向 BCD 3 人分别请求 300 万日元。这样的话若 B 债务到期时失踪或变为无资金能力,则 A 只能从其他 2 人各回收 300 万日元,而 B 的 300 万日元将一直无法回收。因为这样对债权人不利,所以 A 在订立合同时将 BCD 作为连带债务人贷款 900 万日元,到期后向 BCD 任何一个人均可提出 900 万日元的全额请求。当然并不是说一共可以回收 2700 万日元,所谓连带债务是指每个债务人都有全额清偿的义务,因此 A 可以选择 BCD 中任何一个人提出全额请求,也可以分割金额后提出请求(《日本民法》第 436 条)。

民法是以连带债务人之间有主观性连带意思(在上述例子中,出于一起开店的目的在贷款时作出了成为连带债务人的意思表示。这被称为当事人之间"有主观性共同关系")为前提作出了上述规定,当然是否订立连带债务合同是当事人的自由,当事人也可以任意达成特别的合意,但若订立了连带债务合同就将出现上述结果。此时作为债务人之间的内部关系,虽然可事先约定最终的负担比例为各 300 万日元,但在被债权人请求时不能主张只支付负担部分而应履行全额支付的义务,在全额支付后可按负担比例向其他债务人求偿。作为债权人,即使有一个债务人失踪也可以从其他人回收债权,因此债权的效力得以加强,换而言之,债务人之间是在互相担保各自的债务。

② 连带债务的绝对性效力事由

连带债务是以债务人之间的主观性结合关系为前提的制度。因此,一般认为在债权人与债务人中的一个人之间发生的事情对其他债务人也会产生一定的影响,例如,清偿(只要有一个人清偿了一部分,其他连带债务人的应清偿额也就相应减少),更改(《日本民法》第 513 条),抵销(《日本民法》第 505 条)。在 2017 年的修改法中,一部分之前被认为会对其他债务人产生影响的事由(被称为绝对性效力事由),被变更为对其他债务人不产生影响的事由(被称为相对性效力事由)(若没有规定具有绝对性效力,则原则上只有相对性效力)。首先是履行的请求(规定其为绝对性效力事由的修改前的民法第 434 条已被删除)。修改的理由是连带债务种类繁多,若对连带债务普遍承认请求的绝对性效力,则未受到请求的连带债务人有可能在不知情的情况下陷入履行迟延或消灭时效期间被更新等不利情况。其次,免除也同样如此(规定其为绝对性效力事由的修改前的民法第 437 条已被删除)。这是因为作为免除连带债务人之一的债权人的意思,一般认为债权人通常不希望对其他连带债务人产生影响。另外,连带债务人之一的时效完成也同样如此(规定其为绝对性效力事由的修改前的民法第 439 条已被删除)。这是为了强化连带债务的担保性功能。此外,时效的更新事由、延缓完成的事由、连带债务人之一的过失、迟延、对一个人作出的判决的效力、对一个人作出的通知的效力等都还是只具有相对性效力。

(5)保证债务

① 概述

保证债务是上述人的担保的典型例子,做保证人时一定要十分谨慎。保证包括普通保证与连带保证,对连带保证要特别加以注意。保证债务附属于主债务,二者密不可分。即主债务因被清偿而消灭时,保证债务也同时消灭;主债务被撤销时,保证债务也不复存在(其被称为保证债务的从属性)。

② 保证合同与保证债务

在 A 为债权人 B 为债务人,而 C 受 B 所托成为其保证人时,与 C 订立保证合同的不是 B 而是债权人 A。即使在 C 是听 B 说"另外还有其他保证人,所以不会给你添麻烦"才承诺做保证人,而实际上并没有其他保证人的情形下,C 也不能撤销与 A 的保证合同,因为这与 A 无关。虽然过去的民法规定即使没有书面合同保证合同也成立,但考虑到保证合同会给保证人带来单方面的负担,为了保护保证人,2004 年修改规定必须订立书面的保证合同才生效(《日本民法》第 446 条第 2 款。该书面合同也可以通过电子方式订立。《日本民法》第 446 条第 3 款)。

此外,在清偿期限已满后债权人 A 向 C 提出清偿请求的情形下,若 C 是普通保证人,则可要求 A 先向 B 提出请求,而若 C 是连带保证人,则是不可以如此要求。

③ 普通保证与连带保证

《日本民法》第 446 条规定,保证人是指主债务人不履行债务时负有履行该债务责任的人(这被称为保证债务的补充性)。在普通保证的情形下,保证人享有两种抗辩权:一种是可以要求债权人先向主债务人请求的催告的抗辩,另外一种是主张主债务人也拥有财产故应先对其强制执行的检索的抗辩。因此,在该情形下保证人可以说在主债务人的后面待机即可。但若是连带保证人,则没有这两种抗辩权,与债权人的关系也变为与上述连带债务人相同的债务关系(《日本民法》第 454 条,第 458 条)。也就是说,连带保证人与主债务人是并列的,债权人在期满后,可以直接向连带保证人请求全额清偿。

在这一点上,有人将连带保证人误解为可以有几个人分担保证的负担,因此比普通的保证人要轻松,但这纯属误解实际上完全相反。

④ 共同保证

有复数的保证人的情形被称为共同保证。在属于普通保证的共同保证的情形下,复数保证人享有"分别的利益",即可按人头分担保证的负担(第 456 条。400 万日元的债务有 2 个保证人时,各自负担 200 万日元即可)。但在连带保证的情形下,无论另外有几个保证人,如前所述在被债权人请求时,均负有全额清偿的义务(对 400 万日元的债务即使有 2 个连带保证人,被债权人请求时每个连带保证人也都负有全额支付 400 万日元的义务。应注意的是连带保证人所指的并不是保证人之间的连带,而是与主债务人的连带)。

⑤ 最高额保证(根保证)

保证本来是以担保一定的主债务的清偿为目的的合同,但若债权人与债务人持续性反复进行交易(像反复购入产品,价款每月底结算的交易关系),则债务余额每月都有增减。在该情形下,对每项债务一一订立保证合同则过于烦琐。因此,在订立该债务人的债务的保证合同时,可设定一定的限额与期限(例如 3 年最高 3000 万日元),在此范围内进行保证。这就是所谓的最高额保证。此外,还存在持续性保证的概念,其除了包括上述最高额保证,还包括对一定期间的租赁合同的租金作出保证的形态。

最高额保证可设定比个别保证更简便且具有强力效果的担保,因此在实际业务中被频繁采用。反而言之,根保证人将长期单方面承受巨大负担。因此在 2004 年的修改中,就个人借贷等的最高额保证合同新设了限制其效力的规定,以保护个人最高额保证的保证人(《日本民法》第 465 条之 2 至第 465 条之 5)。其规定未设定限额的合同无效,最高额保证的保证人的责任到本金确定的日期为止,在合同中规定了该日期时最长为 5 年,未规定时为 3 年。2017 年的修改进而将保护范围扩大到所有个人最高额保证合同,规定未设定限额的个人最高额保证合同全部无效(修改之后的民法第 465 条之 2)。

⑥ 机关保证

最近还有根据特别法设立的以保证为业务的机构。例如遍布全国的信用保证协会,为了帮助中小企业从金融机构获得融资,该协会成为中小企业的保证人并收取若干保证委托金。但该协会也为了自身的存续,要求作为主债务人的中小企业设连带保证人,或在保证委托合同中设置有利于最终求偿的特别条款。

⑦ 身份保证

像成为亲戚家孩子进公司时的身份保证人那样的身份保证合同与上述保证有所不同。相对于以主债务人债务额为保证对象的上述保证,身份保证合同是在就职者将来对公司造成损害时作出保证的损害担保合同,事先无法确定损害额。由于这可能会给身份保证人带来沉重负担,为了使其负担不至于过重,关于身份保证的特别法(昭和 8 年制定)对合同的有效期作出了限制,并规定了本人工作内容发生变化时雇主的通知义务等。

⑧ 对于事业债务的个人保证人的保护

关于个人对事业相关债务作出保证的合同,2017 年修改法为了保护保证人,新设了强化合同的形式要件及主债务人的义务的规定。

首先,在个人对事业债务作出保证时,修改法对其保证意思的确认更加严格,规定必须用公证书来表示保证意思,否则无效(修改后民法第 465 条之 6)。即关于被认为金额或风险较大的事业债务,要求在公证人面前进行意思确认。

但也有例外——所谓的经营者保证。主债务人是法人时,若该法人的理事、董事、执行官等成为个人保证人,则无需通过公证书进行意思确认(修改后民法第 465 条之 9 第 1 项)。另一个例外是,不是法人的主债务人的共同事业者成为保证人的情形,或正在从事主债务人所开展的事业的主债务人的配偶成为保证人的情形(修改后民法第 465 条之 9 第 3 项)。其中,前者的共同事业者没有问题,但后者的主债务人的配偶则略有问题。虽然有"正在从事"的要件,但若配偶者只是名义上的董事,则难以作出判断。因为作为配偶有时难以拒绝做保证人,并可能导致出现家庭危机,所以预计上述规定施行后仍存在争议。

此外,在个人订立事业债务的保证合同时,修改法新设了主债务人向个人保证人提供财产与收支情况等信息的义务(修改后民法第 465 条之 10)。若未提供这些信息或因提供错误信息导致保证人产生误解而作出承诺,则在债权人知道或可知道该情况时,保证人可取消保证合同(同条第 2 款)。

⑨　物上保证

虽然物上保证也带有保证一词,但其与债权法上的保证完全不同。物上保证人是指,在债务人以外的第三人为了债务人利益向债权人提供自己所有的担保物的情形下,该"为他人利益的物的保证的提供人"。例如,A 为债权人 B 为债务人,C 为了 B 的利益在自己的土地设定 A 的抵押权的情形。保证人本应对主债务人的债务承担担保责任,而物上保证人只在所提供的担保物的限度内承担责任,而并不对债权人负有支付债务(即 B 不支付时,C 只会因 A 实施抵押权而失去土地,并没有直接清偿的义务)。

5. 债权转让

(1) 概述

这里所说的债权是指像 A 对 B 拥有的 100 万日元的贷款债权那样的普通债权(2017 年修改前被称为"指名债权")。应注意的是其与商法领域的有价证券不同(2017 年修改后的民法第 520 条之 2 以下设置了关于有价证券的一般规定)。票据与支票等有价证券是将人对人的债权记载于名叫证券的纸上,通过背书等方法,若证券转移则权利就随之转移,以此提高债权的流通性。而指名债权并没有这样的证券,即使存在债权证书,其也只是证明权利的文件,权利的转让只要当事人之间达成合意即可(即使没有书面转让合同或未交付债权证书,转让也是有效的)。

在罗马法初期,债权被视为连接人与人的法锁,不可以自由转让。而在近代民法中,各国均承认债权的自由转让性(《日本民法》第 466 条第 1 款)。自由转让指的是,不管债务人是否同意,债权人均可与第三人达成合意,将债权原原本本的加以转让。此时,转让债权的人被称为转让人,接受转让的人被称为受让人。因此,债权转让是指,出于债权的买卖或赠与的原因,转让人与受让人之间订立的以在不改变债权的同一性的前提下转移债权为内容的合同。此外,当事人之间可作出禁止债权转让或限制转让的特别约定(《日本民法》第 466 条第 2 款)。

（2）限制转让特别条款的效力与债权转让的有效性

在修改前的民法中，附禁止转让的特别条款的债权即使转让也无效，而 2017 年修改法对此进行了较大修改。因为实务中盛行通过债权转让（或作为转让担保）筹集资金，所以修改法为了不阻碍实务交易，规定附限制转让的特别条款的债权之转让基本上有效（《日本民法》第 466 条第 2 款）。但另一方面，为了保护债务人的固定收款方的利益等，规定限制转让特别条款的效力亦为有效（对于知道限制转让特别条款或因重大过失而不知道的受让人，债务人可拒绝履行债务，只要向原来的转让人进行支付即可免责。《日本民法》第 466 条第 3 款）。因此，关于附限制转让特别条款的债权的转让的规定变得非常复杂，而修改的效果还有待实务的检验（也有意见认为，若存在有效的限制转让特别条款却接受债权转让，则作为企业在合规上存在问题）。在附限制转让特别条款的债权被转让的情形下，债务人通过在法务局办理提存可免除债务（《日本民法》第 466 条之 2）。此外，对附限制转让特别条款的债权也可实施扣押（《日本民法》第 466 条之 4。这是明治时期民法起草时就有的见解）。

（3）将来债权转让的有效性

需要注意的是，预计于将来发生的债权（明年的商铺的租金债权、预计 3 年后向客户交付的零件的价款债权等）的转让也是有效的。这一点已经在判例中得到肯定（多年后发生的将来债权的转让也是有效的，发生可能性的大小并不影响其有效性。将来债权没有发生时，当事人之间按照债务不履行等加以处理即可），2017 年修改对其作出了明文规定（《日本民法》第 466 条之 6）。

（4）债权转让的对抗要件

《日本民法》关于债权转让与物权转移（参加本书第 3 章第 2 节）一样采用了对抗要件主义。这也是法国民法型的规定。也就是说，虽然只需转让人与受让人之间的合意债权就可以转移，但是为了对抗债务人与第三人需要履行对抗要件的手续。在不动产的情形下对抗要件为登记，而在债权的情形下，对抗要件为通过有确定日期的证书向债务人发出的通知，或债务人通过有确定日期的证书作出的承诺（《日本民法》第 467 条第 2 款）。但若只是与债务人之间的关系，则对抗要件更加简单，此时有通知或承诺即可，无需使用有确定日期的证书（《日本民法》第 467 条第 1 款）。不管是向债务人发出的通知还是债务人的承诺，债权转让的对抗要件都与债务人有关。这是因为债权与物权不同，必须通过债务人的履行才得以实现，因此应先告诉债务人应向何人进行支付。起草人认为，通过先告诉债务人，想确认该债权的存在的人只要询问债务人就可以知道情况，也就是说，通过使债务人成为类似于问讯处的存在，虽然不完全但也可以起到公示作用。有确定日期的证书是指可证明何时所立的证书，比如公证人制作的公正证书、经政府机关盖过日期印章的证书等（民法施行法第 5 条）。

(5) 确定日期与双重转让

关于需要有确定日期的理由,与物权变动的登记不同,通知与承诺作为对抗要件可以复数存在,因此为了认定其中最早被具备的对抗要件,需要采用可证明先后顺序的方式。因此,就同一债权发生双重转让时,并非先订立转让合同的受让人成为权利人,而是先具备对抗要件的受让人成为权利人。在日本取得确定日期的方法中,最简单的就是邮局的内容证明邮件。寄内容证明邮件时,需要向邮局提交三份相同的证书(原件一份,复印件两份)与信封。邮局的邮件认证司在三份证书上盖了日期印章之后,一份直接邮寄给对方,一份由邮局保管,还有一份作为副件还给寄信人。(参见池田真朗编著《民法 Visual Materials(第二版)》(有斐阁,2017年)第 71 页,75 页)。

这种方法虽然简便,但是存在一个重大问题。也就是说,内容证明邮件的确定日期是邮局发出该邮件时的日期,此时债务人还没有得到通知。因此在日本,作为双重转让时的对抗要件的优劣标准,采用的是到达时说,即有确定日期的通知为对抗要件时,先到达债务人的通知优先。

(6) 债权转让登记

如前所述,将多个债权并在一起出售获得资金(**债权流动化**)或通过转让担保获得融资(**债权转让担保**)时,向所有债务人发出通知需要相当的时间与费用。因此,1998 年成立的债权转让特例法建立了电子登记制度,对记录在文件中的众多转让信息进行电子登记,将其视为民法第 467 条第 2 款规定的有确定日期证书的通知(但这是在未通知债务人的情况下进行的登记,因此,受让人虽然可通过登记具备第三人对抗要件,但是向债务人行使权利时,必须另附登记事项证明书发出通知)。这是在日本首次建立的电子登记制度,现在在实务中得到了广泛应用(另外,该法在 2004 年经过增补修改成为了动产债权转让特例法,具体参加本书第 7 章第2 节)。

(7) 债权转让与债务人的抗辩

被转让债权的债务人可向新债权人(受让人)主张在具备转让的对抗要件之前对债权人(转让人)拥有的所有抗辩(已经清偿了部分债务、基于反对债权进行抵销(具体参加本书本章 6(5))等)(《日本民法》第 468 条第 1 款。这里的"对抗要件"可以理解为第 467 条第 1 款的通知或承诺(对债务人权利行使要件))。对债务人而言理应制定该规定,因为债权在没有债务人参与的情况下就被转让,所以不能让债务人的处境比起转让前更加不利。

此外,2017 年修改前的民法规定,若未提出任何异议就作出承诺,则债务人不能向受让人主张之前可向转让人主张的抗辩,修改后该规定被删除(修改后若要获得同样效果,需要作出放弃抗辩的概括性意思表示)。

（8）电子记录债权

民法上的指名债权虽然原本就可以转让,但是当初没有预料到会流通得如此频繁。如(1)所述,为了使债权转让变得更加简便、顺利而建立的制度本来是票据。这是将债权记载于所谓票据的纸上,只要转移票据就可以转让债权(在票据背面进行被称为背书的签名后转移即可)(详细内容参见票据法[①])。虽然日本的票据制度非常发达,但进入计算机时代后,票据的发行、保管、交换成为了一种负担(而且票据需要缴纳印花税)。因此,票据的利用率在 1990 年到 2010 年之间降到了原来的十分之一左右。另一方面,普通的债权既不需要转移纸张也不需要支付税金,但其存在双重转让的风险,并且债权的存在原本就不明了,债权人的清偿也没有保障。在这种情况下,在借鉴了债权和票据的优点并避开其缺点的基础上,2007 年建立了通过计算机上的记录而发生和转移的电子记录债权制度(**电子记录债权法**[②])。民间的电子债券记录机关也于 2009 年年底开始营业。

（9）债务承担与合同转让(合同上的地位的转移)

债务的转移(债务承担)如今也得到了判例与学说的广泛认可,2017 年修改对此作出了明文规定。其具体包括原债务人退出而新债务人取代其地位的免责性债务承担(《日本民法》第 472 条之 4),以及原债务人还在并有新债务人加入的并存性债务承担(《日本民法》第 470 条,第 471 条)。但并不是说仅凭债务人与承担人之间的合同就能完成债务承担。因为债权需要债务人具有清偿能力才能得以回收,债务人的变更对于债权人而言是关系到能否回收债权的重要问题,所以债务承担合同需要由债务人、债权人、承担人的三方订立合同,或者经过债权人的同意由债务人与承担人订立合同。

此外,还可以将合同上的地位(包括一个合同所产生的全部债权债务,而并非单个债权或债务)转让给第三人(2017 年修改法新设了第 539 条之 2 的规定),这被称之为合同转让或合同中的地位的转移。由于合同转让包括债务承担的部分,只有转让人与受让人订立合同时,需要经过相对人的同意。需要注意的是,合同转让并非只是将债权转让与债务承担并在一起,其还会发生只有合同当事人才有的撤销权与解除权的转移。

6. 债权的消灭

（1）概述

债权总论的最后规定了清偿等债权的消灭原因。债务人按约定的内容作出清偿时,债权就因达到目的而消灭。作为其他的消灭原因,包括代物清偿(当事人订

---

① 票据法:1932 年制定,1934 年施行。——译者注
② 电子记录债权法:2007 年制定,2008 年施行。——译者注

立以代替物的给付消灭债权的合同并加以实施）、提存（债权人未领取或债权人不明时以交给法务局的提存所保管的形式消灭债权）、抵销（使自己的债权与对方对自己拥有的债权在同等数额内互相抵销）等。其中，抵销具有担保性功能（即当对方不支付时，可通过与自己的债务相抵销来回收），并且是交易关系中最简单的债权回收手段。

（2）清偿

① 清偿的提供

按债务本来的宗旨进行清偿时，债务自然就会消灭。但在对方擅自不领取或因对方不在而无法支付等情形下，只要进行清偿的提供就可以免除债务不履行的责任。清偿的提供除了将标的物带到履行场所的**"现实的提供"**（《日本民法》第 493 条本文），还包括"口头的提供"，即在债权人事先拒绝受领的情形下，做好清偿的准备并催告债权人来领取（《日本民法》第 493 条但书前段）。在履行时需要债权人的行为的情形下（如原本就约定债权人来领取，或约定由债权人指定履行场所等），也可以进行口头提供（《日本民法》第 493 条但书后段）。

② 第三人清偿

债务人以外的第三人也可以清偿债务（《日本民法》第 474 条）。其有出于好意清偿的情形，也有若不代为清偿就会对自己不利所以才清偿的情形（例如，由于债务人 B 无法清偿 A 的债务，物上保证人 C 提供的抵押物有可能被竞拍，但 C 又不想失去该抵押物，故先代替 B 向 A 清偿的情形）。但也存在像音乐家的演奏债务那样，债务性质上不允许他人代为清偿（演奏）的情形（《日本民法》474 条第 4 款）。此外，无利害关系的第三人好意清偿时，不能违背债务人的意思（但债权人不知道违背了债务人意思的不在此限。第 474 条第 2 款）。

③ 清偿的充当

在债务人对债权人负有同种复数的债务（如有 500 万日元的金钱债务与 600 万日元的金钱债务）的情形下，若进行不足以消灭全部债务的清偿（如先支付 400 万日元），清偿者可决定先用于清偿哪一个债务（《日本民法》第 488 条第 1 款）。清偿者未作出决定时，由清偿受领者决定（《日本民法》第 488 条第 2 款），双方均为未作出决定时，基于第 488 条第 4 款规定的顺序进行充当（法定充当）。

④ 清偿代位

由第三人代替债务人清偿时，除了有赠与的意思等情形，该第三人可向债务人求偿。但是，若只是行使求偿权要求债务人支付，则未免缺乏强制力。在这种情况下，确保求偿权得以实现的制度就是清偿代位（《日本民法》第 499 条以下）。代位的意思是代替其地位，与代理不同。通过清偿代位，进行了清偿的第三人将取代债权人的地位，可行使在与债务人关系上已消灭的债权人的权利。这样的话，如果债务人 B 对债权人 A 设定了抵押权或有保证人,那么进行了清偿的第三人可在求偿权的范围内代替 A 行使抵押权,或向保证人请求清偿来实现求偿。清偿代位包括任意代位与法定代位。像上述物上保证人那样的若不清偿就会对自己不利的利害关系人进行了清偿时,作为法定代位可自动性(无需任何手续)代位。无利害关系的第三人进行了清偿的情形则属于任意代位,要以任意代位对抗债务人或其他人,必须具备与债权转让相同的对抗要件(《日本民法》第 500 条)。

⑤ 对无权利人的清偿

当然,只有对真正的债权人或被债权人授予清偿受领权限的人(代理人等)作出清偿才有效。但作为例外,民法设置了对具有受领权者外观的人的清偿规定(《日本民法》第 478 条)。在 2017 年修改前其被称为对债权准占有人的清偿。不是对真正的债权人而是对从外观上像债权人的人因善意无过失(无过失的要件是在 2004 年的修改中采用判例通说追加的)进行的清偿,也就是说相信其貌似债权人的外观而进行的清偿为有效。这本来是适用于任何人都可能出错的情形的例外性规定,但在日本被广泛地适用于银行对真正的存款人以外的人退款等情形(这一规定来自法国民法,但在法国是只适用于该错误是无法避免的情形的限定性规定,而如此广泛的适用是日本特有的现象)。

（3）代物清偿

例如,A 向 B 融资 1000 万日元,在得到 A 的同意后,B 将自己所有的房屋转让给 A 以代替还款。这就是所谓的代物清偿,即与债权人达成合意,用与本来的债权的给付内容不同的其他给付来消灭本来的债权(《日本民法》第 482 条。如果当事人达成合意,那么用价值 800 万日元的宝石来代替 1000 万日元的土地进行给付的代物清偿也有效)。代物清偿需要债权人与清偿人之间达成合意,因此其为合同。虽然 2017 年的修改规定其为诺成合同,但债权在代物被实际给付时才会消灭。有时也作为"如果不还钱就给付房屋"的代物清偿合同的预约(或附条件的代物清偿合同),出于担保的目的进行代物清偿。

（4）提存

在债务人想要清偿,而债权人因对金额不满拒绝受领,或债权人去向不明等情形下,如前所述只要进行清偿的提供就可以免除债务不履行的责任,但此时债务并未消灭。提存就是可在该情形下消灭债务的方法,即将标的物寄托给全国法务局的提存所来消灭债务。但是,在可以进行本来的清偿的情形下不能提存,提存必须具备一定的原因。债权人拒绝受领或无法受领的情形是提存的原因之一,而另一个原因是无法确定债权人且清偿人并无过失的情形,即债权人死亡后无法确定谁是继承人的情形,或一个债权被多次转让而无法确定谁是真正的债权人的情形等(《日本民法》第 494 条)。

（5）抵销

在 A 对 B 拥有 400 万日元的贷款债权，而 B 将物品卖给 A 故拥有 200 万日元的应收款债权的情形下，若 A 向 B 提出 400 万日元的支付请求，则 B 可就 200 万日元的部分在作出消灭双方债权债务的意思表示后拒绝支付。这就是所谓的抵销，即债权人与债务人相互拥有同种债权（如金钱债权与金钱债权）时，通过一方的意思表示来消灭**对等额**的制度（《日本民法》第 505 条）。提出抵销方的债权为**主动债权**，被抵销方的债权称为**被动债权**。民法规定的抵销是通过单方面的意思表示进行的单独行为，当然也可以双方达成合意自由订立抵销合同。作为单独行为进行抵销时，双方的对立债权必须是同种的，并且均已到清偿期（必须支付的日期）（《日本民法》第 505 条第 1 款本文）。双方的债权处于可抵销状态被称为**抵销适状**。但在 A 的债权清偿期已到（B 必须支付的日期已到），而 B 的债权清偿期未到（因还没到约定的清偿日期，A 可以不支付）的情形下，若 A 放弃期限的利益（《日本民法》第 136 条第 2 款）提出抵销，则该情形下可以抵销。一旦抵销，其效力溯及至抵销适状时（《日本民法》第 506 条第 2 款）。

当事人可以事先订立禁止抵销的特别条款（《日本民法》第 505 条第 2 款），但该条款只能对抗知情或因重大过失不知情的第三人（《日本民法》第 505 条第 2 款但书）。此外，若债务是因侵权行为而发生，则该债务人即使对债权人（受害人）拥有金钱债权，也不能以抵销相对抗（《日本民法》第 509 条。这是为了确保被害人能获得实际赔偿）。

第 3 节　民法与企业法务

在实务中最为复杂的是与债权总论和担保物权法相关的债权回收和担保实行的问题。例如，在交易对方企业经营状况恶化而己方公司拥有贷款债权与应收款债权的情形下，从事企业法务的人应运用债权总论和担保物权法的知识来保全与回收债权。首先，对债权中设定了抵押权（参加本书第 7 章第 3 节）的部分应通过行使抵押权来回收。若有保证人，则保证人有可能受到该企业的牵连而资产状况恶化，所以也要尽早处理。关于没有担保的部分，先要确认己方公司是否负有债务，即找出是否有反对债权，若有则先通过抵销回收。其次，确认对方是否有对第三人的债权，若有则作为代物清偿让对方转让债权。但是，该债权转让有可能因其他债权人行使欺诈行为撤销权而被撤销。一般情况下欺诈行为撤销权对行使了撤销权的债权人有利，所以还要观察其他债权人的行动以寻找行使撤销权的机会。由此可见，这些看似纸上谈兵的教科书上的知识在实际的企业纷争中也并非没有用武之地。

第7章　物权法(2)——担保物权法

第1节　担保物权法的概览

1. 担保物权的意义、性质与种类

(1) 意义

如果在向他人通过借贷从而实现融资的时候,一般应该都会考虑什么问题呢?在孩子与父母或兄弟姐妹之间,由于相互之间的信赖,一般情况下只会考虑借款的返还期限以及利息的问题,但是相比于一般的商业交易,其所考虑的问题可能会大大不同。在商业交易中,一般情况下,贷款人为了避免借款人届期不履行还款义务,都会采用"担保"这样一种方式。最常见的做法是借款人将自己所拥有所有权的一个物用于担保,贷款人在借款人不还款时,将该担保物通过拍卖的方式变现用于回收自己的借款。这就是物的担保。(与此相对应的是在上一章以保证人作为担保方式的,即人的担保。)在物的担保中,作为提供借款给他人的债权人一方,并不享有该担保物的使用价值,而是享有该担保物的交换价值(该抵押物兑换成现金的话会有多少呢?)。在对物的直接支配权中,以这样的形式来支配物的权利即担保物权。

(2) 法的性质

担保物权具有以下特征。首先,在担保物权中,担保物权与其基础的债权是具有相同的命运的(即,当债权消灭时,担保物权也会随之消灭),我们可以将其称之为一种附随性。其次,当债权被转让时,担保物权也一同发生转让,我们可以将其称为是一种伴随性。此外,为了增强担保物权的效力性,直至债权人将债权整体全部回收之前,仍旧可以对担保物的整体行使担保物权,我们可以将其称之为不可分性(《日本民法》第296条)。最后,当担保物被出卖或者因借贷而产生对价或者租

金时,以及当担保物因被毁损而产生赔偿金时,担保物权的效力仍旧可以及于上述情形,我们将其称为物上代位性。对于上述担保物权的特征,目前在日本的四种担保物权中有三种是完全承认的该特性的(《日本民法》第 304 条),下文将会介绍目前在《日本民法》中的留置权从标的物的价值中不享有优先受偿的效力。

（3）担保物权的种类

正如在本书第 3 章所述的那样,担保物权的产生可以包括以下两种情况,第一种,即依据当事人之间的合同产生的约定担保物权,第二种则是在特定情况下由法律来创设的法定担保物权。在民法上,作为约定担保物权的存在抵押权与质押权,作为法定担保物权的则分别是留置权与优先取得权。在现代的社会交易当,约定担保物权的重要性可能会更高一些,其中尤以抵押权的重要性更值得关注。此外,虽然在民法上只规定了四种担保物权,但在法律实践中,通过使用物来发挥担保功能的交易方式也有很多,这些已经在习惯法上或判例法上得到了承认,这些则被称作非典型担保。(在本章的最后部分会对此进行简要的介绍)

2. 担保物权的功能与担保物权法的地位

担保物权虽然被称为物权,但其仅仅支配了物上所享有的交换价值。换言之,从上面阐述的担保物权的性质中也可以认识到,所谓的担保物权即以其控制的物的价值相对应的债权存在作为前提,为了确保二者关系而设定的权利。也正因此,我一直认为担保物权要与债法一起学习才是恰当的。

以下举一个事例予以说明。债务人 X 的财产(用于充当偿还等用途的财产)共计价值 1000 万日元,其中 500 万日元是甲土地所有权。X 共有 5 个债权人,即 A、B、C、D、E,每个人均持有对 X 的 500 万日元的债权。如果债权人 A、B、C、D、E 都没有要求债务人 X 提供担保时,那么当债务人 X 无法偿还其债务时,5 个债权人在申请强制执行,依据债权人平等原则,5 个债权人只能从 X 的共计 1000 万日元的财产中,每人平均收到 200 万日元的债权(具体程序可以参考日本民事执行法)。在上述的事例中,如果债权人 A 在 X 的甲土地上设定了下文将要介绍的作为担保物权的抵押权时,那么就可以保证债权人 A 在当债务期限届满却无法得到偿还的时,对甲土地行使抵押权(通过拍卖进行偿还),如果甲土地拍卖的价款为 500 万日元时,A 即可从中优先受偿,从而实现自己的债权。剩余的 4 个债权人只能在 X 剩下的 500 万日元财产中继续平均分配,最终每个人只能获得 125 万日元的债权。这就是,当设定抵押权这一担保物权后,可以获得的优先受偿的法律效果。

诚然,在前文所介绍人的担保的这种保证也属于债权担保的一种方式。例如在上面的事例中,如果 B 设定 Y 作为 X 的保证人时,那么当 Y 的资本充足时,B 从 Y 这里(或者是 Y 与 X 一起)可以全额回收 500 万日元的债权。但是,这种人的担保,始终受限于由于保证人的资产处于一种变动的状态中的这一不稳定的因素。因此,相对而言,物的担保的方式是较为稳定的。然而,抵押权虽然具有物权的优先效力,但是在程序的设置上不仅仅依赖于合同,还需要登记等程序,因此相对于人的担保而言在程序上较为烦琐,而且如果当不动产的市场上出现了担保物的市值大幅下跌时,与人的担保一样也有可能产生无法完全回收债权的风险。由此看来,在债权的担保回收时,需要考虑担保物权法和债权总论中所规定的各种方法之后再进行灵活使用。

第 2 节　担保物权法的重点学习

1. 约定担保物权

（1）抵押权

① 概说

约定担保物权中包括抵押权和质押权。由于担保物权仅仅掌握了物的经济价值,在设定抵押权时,可在土地或者建筑物之上设置抵押权,然后完成抵押权相应的登记,那么,设定了抵押权的土地或建筑物不需要向债权人转移占有,债务人还可以继续使用该抵押物（日本担保物权法第 369 条）。当债务人不能返还借款时,债权人可以对已经办理登记的抵押物行使抵押权,（即法院对其土地和建筑物进行拍卖）在其拍卖的价款中,该债权人相较于其他债权人优先得到受偿。因此在实际的生活中,抵押权可以被认为是最重要的一种担保物权。

② 抵押权的功能和登记

如上所述,抵押权只是设定了担保物的内部价值（从外观上很难发现）,因此进行公示的登记程序就显得尤为重要。在民法上,抵押权的客体仅限于可以在账簿上进行公示的不动产以及若干不动产物权（《日本民法》第 369 条,在一些其他的特别法中,不考虑登记或注册制度,工厂的设备或船舶以及财团等也可以作为抵押物进行设定）。

初期时代,抵押权是为了担保每一个债权所建立的制度。日本的抵押权制度最早参考了法国民法。因此日本的民法也残存着很强的法国法的色彩（在德国民法上,抵押权不仅只局限于担保物权制度,也被作为投资的对象在立法上被许可。因而,抵押权可以被认为是为了买卖的流通所设计的制度）。为了实现每个债权的担保,从享有抵押物的价值的角度出发,自然会产生抵押权的顺位问题。当债务人在一个担保物中设定了多个抵押权时,例如,债务人 A,首先向债权人 B 借贷 5000万日元,然后 A 以市场价格相当于 1 亿日元的甲土地作为抵押物设定抵押权,并进行了登记（这是 A 设定的第一个抵押权）。随后,债务人 A 又向债权人 C 借贷

4000 万日元,同样以甲土地作为担保物设定了抵押权,并进行了登记(这是第二个抵押权)。随后,A 从债权人 D 那里再次借贷 2000 万日元,同样以甲土地进行抵押权设定,并进行了相应的登记(这是第三个抵押权)。在这种情况下,当债务履行期限届满而债务人 A 无法向债权人 B、C、D 中任意一人清偿债务时,大家可以思考一下如何行使该抵押权?(实际上,这里存在利息的问题,但在此为了使大家便于理解,先省略利息的问题。对利息的相关问题有兴趣的读者可以参照担保物权法第374 条第 1 款的规定)为了实现该债权,将设定抵押的甲土地以 1 亿日元价格进行了拍卖,对于拍卖获得的价款,债权人 B 作为第一顺位人,可以优先获得受偿。换言之,B 可以从 1 亿日元中首先获得 5000 万日元,实现自己全部的债权。其次,债权人 C 可以从剩余的 5000 万日元中回收 4000 万日元的债权。最后,作为第三顺位的债权人 D,虽然只借出了 2000 万日元,但也只能从甲土地的拍卖金额中获得所剩余的 1000 万日元(关于 D 另外的 1000 万日元债权,由于没有担保,只能继续向债务人要求清偿)。但是,如果 D 的上位债权人(例如,第二顺位的债权人 C)按照合同获得了清偿时,那么其作为第二顺位人的抵押权登记就会被撤销,此时,D 作为第三顺位人的位置就会被提高,即从第三顺位变成第二顺位,这样 D 可以就全额回收对于 B 的 2000 万日元的债权。如果此时出现土地的市价下跌,那么甲土地只能以 5000 万日元的价格进行拍卖,那么,只有第一顺位的债权人 B 可以回收其5000 万日元,在其之后的其他债权人将无法回收各自的债权。

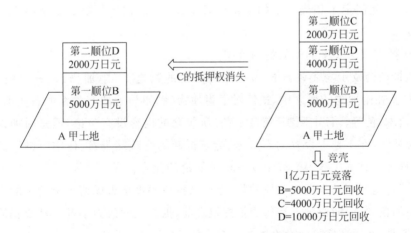

③ 抵押权与利用权之间的关系

抵押权仅仅设定了标的物的价值,而抵押物的所有权仍旧保留在其所有权人手中。当物的所有权人设定了抵押权后,仍然可以针对抵押物签订租借合同从而获取收益。在这种情况下,为了保护出租人的利益,对于短期的租借(所谓短期,是指不能超过《日本民法》第 602 条中规定的期间,即土地:5 年以内,建筑物:3 年以内),在过去,依据日本担保物权法中的规定,即使设定了抵押权并进行了登记,出租人的租赁权仍然可以对抗抵押权人(日本旧民法第 395 条)。但是,从近年的法律实践中看,以设定租赁来妨碍抵押权人行使抵押权的情形越来越多,所以在 2003 年日本进行民法修改时,上述的制度被废除,取而代之的是抵押权人行使了抵押权后,可以强制要求出租人进行交付,但是必须要给出租人 6 个月的宽限期(现行《日本民法》第 395 条)。

④ 抵押权与物权请求权

由于抵押权也是物权,抵押权人当遭受侵害时同样享有排除妨害请求权。但是,由于担保物权是一种价值的支配权,因此对于何时被侵害而进行妨害的排除存在诸多讨论。例如,当作为抵押不动产的山林被不当采伐或者房屋被破坏等情况下,导致抵押物的价值降低至无法保证抵押权的行使时,一般认为可以行使排除妨害请求权(在日本学界,目前该理论属于多数说)。

⑤ 最高额抵押权

在抵押权中,最高额抵押权也是被法律认可的。在普通抵押权的情况下,为了特定的债权(例如,A 对 B 的 500 万日元的借款债权)设定了担保,如果 A 与 B 反复交易,针对一个又一个特定债权进行抵押权的事例或者撤销会产生很多不便之处。因此,对于不特定的债权进行一种概括性的担保(只决定担保额的上限)就是所谓的最高额抵押权。对此,由于可能会出现各种各样的问题,因而《日本民法》对此制定了相当详细的规定(《日本民法》第 398 条第 2 款至第 398 条第 22 款)。

⑥ 抵押权所及于的标的物的范围

抵押权会及于与不动产成为一体的其他的物之上(附加物)(《日本民法》第 370 条)。在附加物的概念中,虽然对于附加物(例如与土地有关系的石头垣墙、铺路石、树木、苗等,《日本民法》第 242 条)所包含的内容没有争论,但是附加物中是否包含从物(在土地上设置的石灯笼、能够拆卸的庭院踏脚石、住宅所铺设的榻榻米、家具等,《日本民法》第 87 条)是问题争论的焦点。关于天然孳息与法定孳息(资料等),是与不动产形成一体的物,由于抵押权对设定者保留了标的物的占有或者收益的权利,因而原则上在行使抵押权之前,抵押权的效力不及于被收获的孳息之上(但是,及于在实施时存在的物,《日本民法》第 371 条)。

抵押权是服从于标的物上的权利(是设定了抵押权的不动产上所附属的权利)。例如,债务人对自己租借的土地上的建筑物设定抵押权时,抵押权的效力也会及于该借地权,通过拍卖取得该建筑物的人(拍卖方式竞买的人)可以一同取得附随于借地权上的建筑物(但是,这与民法中租借权的问题以及房屋租赁之间有关系。对此,可以参考本书第 4 章第 3 节)。

⑦　物上代位

举一例予以说明，假如 B 在甲房屋上设定抵押权而向 A 融资（债权者 A 被称为抵押权人，债务人 B 被称为设定抵押权人）。在甲房屋遭受火灾而灭失的情况下，虽然对 A 的担保也随之灭失了，但是如果 B 给甲房屋投保了火灾保险，便可以向保险公司请求赔偿，那么抵押权的效力也应当允许其及于此火灾保险金的请求权（即，A 能够从火灾保险金中回收其融资的金额）的制度安排是比较妥当的。因此，当抵押物灭失或者被毁损的情况下（或者被买卖、租赁等的情况下），担保权的效力将会及于本应由抵押权的设定者（上述事例中的 B）享有的"金钱及其他的物"，我们一般将此称之为物上代位。

在《日本民法》上，物上代位制度在抵押权（《日本民法》第 372 条、第 304 条）之外的，还被法律所允许适用于将在后面所介绍的质押权以及优先受偿权的制度。在判例上，租金债权也可适用物上代位。例如，租借物的抵押权人，可以以行使抵押权来进行房屋的竞拍，也可以不竞拍而以租金债权作为物上代位来回收借款。

⑧　法定地上权

举一例予以说明，当 B 向 A 融资时，在其所有的土地及其土地之上的建筑物中，仅在建筑物上设置了抵押权（如上文所介绍的那样，日本的民法中土地与建筑物分别属于不同的不动产类别，具体内容请参考本书第 3 章第 2 节）。那么，由于 B 未能偿还债务，当通过拍卖的方法行使抵押权时，最终由 C 通过拍得该建筑物（A 从其拍卖的价款中优先受偿）。C 虽然获得了建筑物的所有权却没有得到该建筑物所使用的土地的利用权。在《日本民法》中，当设定抵押权时，如果被设定抵押权的土地上还存在建筑物时，且该土地与建筑物的所有人为同一个人时（上文的事例中的 B），那么不论该土地还是土地上的建筑物中的哪一个被设定了抵押权，通过竞拍，导致土地的所有权人与建筑物的所有权人分离时（如上文的事例中，通过竞拍，建筑物的所有权人是 C，而土地所有权人是 B），作为土地所有权人的抵押权设定人 B 在竞拍时被视为是为了新的建筑物所有权人 C 设定了地上权。关于地上权的内容本书已经在前面的章节中进行了介绍（本书第 3 章），因此在此不再赘述。简而言之，本就应当依据当事人之间的合同所创设的地上权在一定的情况下也可以由法律进行创设，这就是法定地上权（《日本民法》第 388 条）。

（2）质押权

质押权也是一种只享有经济价值的权利。但是，质押权与抵押权不同之处在于质押权是要求债务人必须向债权人进行担保物交付的一种担保物权（由债权人占有担保物）。质押权的行使并不是要将所有权进行移转，而只是要求由债权人来保管债务人的出质物。同样，如果债务人无法返还借款，其出质物可以通过竞拍等方式进行优先受偿（参照《日本民法》第 342 条）。质押权可以设定在动产、不动产以及其他债权的财产权之上。但是,如果在动产之上设定质押权时(当出现债务人擅自将出质物随意地出卖于第三者并进行交付时必然会产生一定的麻烦),虽然可以适用质押权的规定,但是对于不动产而言,在法律实践中,存在着债务人使用仍然残留着一部分使用权限的抵押权的情形相对较多(在最近,使用让与担保于动产之上的情形较多)。

2. 法定担保物权

（1）留置权

举一例予以说明,客户 A 在钟表店委托 B 进行手表修理,花费修理费 1 万日元。修理结束后,如果 B 在 A 未向其支付修理费之前就返还其手表时,针对修理费的请求担保(间接的强制方法)就会消灭。因此,在这样的情况下,《日本民法》规定了当没有支付修理费之前 B 可以不返还手表(与当事人的意思无关)。这就是作为法定担保物权的留置权。如果使用法律术语进行表述的话,即"占有他人之物(手表)的占有者(钟表店 B),当由此产生债权(1 万日元修理费的债权)时,享有在该债权未获得清偿时可以留置该物的权利"。但是,该留置权中,是不能将留置的标的物进行处分并从其对价中进行回收的(即不能优先受偿)。

（2）优先受偿权

举一例予以说明,在资金回收非常困难的 Y 商店工作的 X,没有从 Y 获得应支付给他的 20 万日元的工资。另一方面,Z 持有对 Y 的 180 万日元的借款债权,由于履行期限届满时 Y 没有进行偿还,最终 Y 的财产(100 万日元)被进行强制执行(希望通过买卖财产回收价款)。在这样的情况下,如果 X 也要求进行偿还的话,虽然 Z 与 X 可以共同受偿 Y 的财产,但是依据日本民事执行法中的债权人平等原则,Z 与 X 的债权比例是 9 比 1。因此,Z 可以从 Y 的 100 万日元的财产中受偿 90万日元,而 X 只能受偿 10 万元。但是,由于工资债权是与 X 的生活息息相关的债权,所以从社会政策的角度出发,应当尽可能地确保其全额受偿。因此,在《日本民法》上,规定了"享有一定债权的债权人(如上面事例中的 X),从债务人(Y)的财产中,能够优先受偿于其他债权人(就上面的事例而言,X 可以优先全额受偿其 20 万日元的工资债权)的法定担保物权"。即,优先受偿权。民法上的优先受偿权,规定在《日本民法》第 306 条以下。日本的优先受偿权大致可以分为在债务人所有的财产上均有效适用的一般优先受偿权,在债务人特定的动产上有效适用的动产优先受偿权,以及在债务人特定的不动产上有效适用的不动产优先受偿权。但是,不论是一般优先权还是动产优先权,当债务人将作为担保物的动产交付第三人之后,便丧失行使的权利(优先受偿权没有追及效力,《日本民法》第 333 条)。

3. 非典型担保

在《日本民法》中所规定的上述四种担保物权被称之为典型的担保物权,而其他非典型的担保物权则没有被法律所确立。但是在法律实践中，当债权无法得到偿还时，制定了一种将担保标的物本身归属于债权人的这一债权（目的是作为担保，但是在外观上将担保标的物进行转让，当无法偿还债务时，标的物的所有权便直接归属于债权人）。担保方式，并得到了习惯法或是判例法的承认。即，非典型担保。此外，非典型担保还包括假登记担保、让与担保以及所有权保留（由于这些都不属于新创设的物权所设定的担保，因而并没有违反物权法定主义的基本原则。其中假登记担保已经被规定在了特别法之中）。非典型担保中的让与担保在某种意义上已经成为了今天商业社会的重要内容。

① 假登记担保

举一例予以说明，B 向 A 借款，当 B 到期无法偿还时，B 与 A 或者第三人（物上保证人）之间签订了以 B 所有的物或者第三人所有的物的所有权归属于 A 的合同，以用于偿还 B 对 A 的债务。对于所有权移转的期待权通过假登记或假注册来进行保全。这样的担保交易形态就是所谓的假登记担保。实际上，所谓签订"如果不能偿还债务就用担保物来抵债"，其实是"担保物偿还预约"或者说是"附停止条件的担保物清偿合同"，"不能清偿时就出卖标的物"其实就是"预约标的物的买卖"，当这些内容通过合同来确立时，则未来可能会对所有权移转进行假登记（所谓假登记，其实是一种临时登记制度，是指如果最终出现无法清偿债务时，则需要进行真正的登记。在此期间，即使有他人进行登记的移转，其具有优先性的所谓顺位保全的效力仍然存在）（实际上，即使没有假登记制度，以上所述的该类合同也同样是有效的）。这样做的目的就是为了可以获取更多的融资（例如，当需要融资 100 万日元时，则预约以价值 200 万日元的物作为担保物进行偿还）。在日本这种做法曾经在一段时间内被广泛地适用。但是，为了避免融资者获取过大的利益，在 1978 年（昭和 53 年）日本制定了假登记担保法，其中规定了如必须支付标的物的价格与被担保债权的金额之间的差额等诸多严格的规定。

② 让与担保

举一例予以说明，所谓"让与担保"即，当 A 向 B 借款时，在形式上，B 会将其所有物交付于 A，当偿还期限届满时，如果 B 可以偿还该借款，那么 A 将该物返还给 B，如果届期 B 不能偿还借款，那么 A 可以获得该物的所有权。在法律实践中，在适用让与担保时，由于相对于实际（借钱）情况而言出现了更大的交易形式（买卖）从而导致产生了法的正当性问题，然而在日本的判例上最终并没有认定这种行为属于违反法律，而是给予了承认。但是，如果在实践中频繁地使用让与担保，由于融资者可以从中获取过大的利益，在判例上与假登记担保一样，对买主了赋予（融资者）清算义务；在学说上，针对通过移转所有权而构成的让与担保（如果将融资者作为所有者来评价时，会涉及到所有权构成等问题）以及构成担保权的设定（如果融资者仅能得到担保权的话,会涉及担保权构成的问题)的争论直至今日依旧十分激烈。在判例上,一般都支持维持所有权的构成,然后根据实际情况的需要,对于担保的适用进行一些调整。另外,有必要提及的是,作为一种资金筹集的方法,让与担保不限于不动产、动产,还包含债权等以财产权作为对象予以行使的情形也同样可以被适用,因而其适用的范围是非常广泛的。在动产、债权等作为对象进行适用时,存在着将多数物综合起来形成的所谓集合动产让与担保,以及目前被广泛适用的将来债权让与担保。在这样的场合下,当动产作为占有改定的对象被适用时(在本书第3章第2节进行了说明),虽然只能使用通过在外观上难以判断的对抗要件,但是根据2004年修改的债权转让特例法,占有改定与债权转让登记(本书第6章第5节对此进行了说明)一样,必须进行动产转让登记。据此,动产也可以明确地以公示的方式进行取得。但是,该登记与交付或者占有改定一样也存在对抗要件,例如,首先实施占有改定的人享有优先权。在2004年的日本债权转让特例法修改中,这部法律被更名为动产债权转让特例法。

③ 所有权保留

什么是所有权保留?举一例予以说明,例如在分期付款的情况下,(以每月进行付款等分期付款的方式进行买卖)作为业者的A向B销售商品时,商品会立刻交付给对方,但是其货款如果在1年后才能被完全支付时,则该商品的所有权由A继续保留。这就是所有权保留的制度。在法律实践中人们经常使用这样的合同(1年内即使B使用了该物,也不是该物的所有权人)。所有权保留是一种督促B支付其剩余价款的担保方式,由于该类合同的有效性被法律所承认因而被广泛使用。对于这种以先行交付动产作为买卖方式进而要确保价款的手段,在《日本民法》上对其设定了优先受偿权(《日本民法》第311条)。一般而言,在通常情况下会约定,在支付完所有价款之前不发生标的物的所有权转移,如果因不履行支付义务而解除合同时,必须要返还标的物的所有权。这种"所有权保留"的制度虽然与让与担保有些类似,原本也不是融资针对的对象,买方也并不持有取得该标的物的意思。因而在学说上对此存在颇多的争议,但是在判例上,作为对外的法律关系(买方向第三人转让从而发生纠纷时),仍旧需要遵守所有权构成的要求(将买方直接评价为具有所有权人的地位)。

第 8 章 亲 属 法

第 1 节 家族法的概念及其地位

本书前几章所介绍的民法总则、物权法、债权法在民法中被称之为财产法。与此相对的是民法中的亲属法（《日本民法》第四编亲属）与继承法（同第五编的继承），这两部分合在一起被称之为家族法。诚然，家族法所规范的内容是市民生活中的非常重要的部分，然而在今天的各种资格考试当中，相对于财产法而言，其出题的比例较低。虽然如此，但是在继承法中，其内容与财产法相关的部分也比较多，同样的，在亲属法中也存在着一些与财产法有关的部分。事实上，家族法作为学习遗产税法等知识的前提是十分重要的。接下来的内容笔者将会围绕着有关家族法的部分，特别是与财产法有关联性的部分，对日本的相关法制度进行说明。

第 2 节 亲属法的概述

1. 亲属法的内容

在《日本民法》的亲属编中，首先设定了其原则，之后规定了亲属的概念。在亲属编第 2 章婚姻法的部分，就婚姻的成立、无效、撤销及效力的问题，以及夫妻财产制与离婚的内容均进行了规定。其后在亲属编的第 3 章中规定了亲子与养子的内容，在第 4 章、第 5 章、第 6 章中分别就亲权、监护、抚养等内容进行了规定。同时在第 5 章中涉及对 2000 年 4 月的《日本民法》修正案内容。

2. 亲属的概念

（1）亲属与亲等

在《日本民法》上，将亲属进行了以下定义，①六亲等内的血亲；②配偶；③三亲等内的姻亲,均被称为"亲属"(《日本民法》第725条)。诚然,在今天看来这种对亲属范围的设定,实际上已经不存在任何意义了,但是我们还是将其作为一般常识来了解一下亲等的计算方法。

所谓亲等,即按照亲属之间的辈数进行计算的单位(《日本民法》第726条第1款)。按照亲等计算,自己与父母之间是一亲等、与祖父母之间是二亲等。在子女与其父母,其祖父与其父亲的直系血亲情况下,比较容易理解亲等的计算方法(作为家族图谱是竖着的一条线),然而在兄弟、表兄弟之间的所谓旁系情况下(在家族图谱上是横线),由于其相互之间可以追溯至相同的宗祖,那么需要从其开始向上进行亲等的计算(《日本民法》第726条第2款)。那么,兄弟之间,即哥哥——父母——弟弟之间是二亲等的亲属关系,表兄弟之间(例如父亲的弟弟的儿子)是四亲等的关系,即本人——父亲—祖父——父亲的弟弟——表兄弟。

(2) 血亲与姻亲

所谓血亲,就是父母与子女、兄弟之间等这些拥有共同祖先的,以血脉为纽带将其集结于一起的亲属。不仅如此,养子(参考本章第3节3.亲子与养子)与养父母以及其他血亲之间,自与养子建立关系之日开始,便产生了如同血亲一样的亲属关系(《日本民法》第727条)。但是,该亲属关系以断绝关系(例如养父母与养子之间的收养关系的解除)而终结(《日本民法》第729条)。所谓姻亲,是指与妻子的妹妹,与丈夫的母亲等,因婚姻(参考本章第3节)关系而建立起来的亲属关系。因此,姻亲关系是通过离婚而终结的(《日本民法》第728条1款)。例如,夫妇一方去世时,如果生者一方作出终结姻亲关系的意思表示时,同样可以结束姻亲关系(《日本民法》第728条第2款)。在计算姻亲的亲等时,以夫妻作为一个整体进行计算。

第3节　亲属法的重点

1. 婚姻

(1) 婚姻的成立

婚姻(换言之就是结婚),在法律婚姻主义之下,以向政府递交结婚申请书作为法律上承认其婚姻关系的起始。(《日本民法》第739条)。因此,作为婚姻成立的必要条件,首先,当事人之间存在缔结婚姻的意思(婚姻也是一种合同)。同时,递交结婚申请书和受理该申请作为婚姻关系成立的形式要件。即使在教会或者神社等举办了仪式,或者已经举办了盛大的结婚仪式,只要实际上没有向政府提交结婚申请,那么在法律上也只是姘居关系。第二,对于结婚年龄而言,在日本,男子与女子的法定结婚年龄分别是18岁与16岁,如果早于该法定年龄则不能结婚(《日本民法》第 731 条）。目前,日本婚姻法正在就女性的法定婚龄提高至 18 岁这一内容进行修改。此外,法律上还规定了禁止重婚(《日本民法》第 732 条）。虽然在法律上仅规定了对于女性而言,自上一段婚姻关系消灭后的 6 个月内禁止该女性再婚的内容(日本旧民法第 733 条第 1 款),其主要原因是为了避免难以判断谁是新生儿的父亲的这一问题）。但是,依据 2015 年 12 月日本最高法院的判决,对于在该期间内超过 100 天以上的部分仍旧禁止再婚的规定,被判定其规定违反宪法,因而于 2016 年起关于再婚的禁止期间修改为 100 天(在《日本民法》第 733 条第 2 款中对禁止再婚期间的例外情形也作出了新的规定）。此外,法律上还规定了男女均不得与其近亲结婚。首先,直系血亲(父母亲等)以及三亲等以内的旁系血亲(例如,哥哥的子女与弟弟之间等)之间禁止结婚(《日本民法》第 734 条第 1 款)。因此,例如由于表亲之间是四亲等即可以结婚。养子和养父母之间也同样适用该规定,理由是由于建立收养关系之日起便产生了直系血亲的亲属关系,因此按照该规定同样不可以结婚。但是,养子女与养父母的子女之间是可以结婚的(《日本民法》第 734 条第 1 款但书部分)。再有,直系姻亲之间(例如,公公与儿媳)禁止结婚,如果夫妇一方死亡,虽然生者一方表达了终结姻亲关系的意思表示,但是依旧适用该规定(《日本民法》第 735 条)。

（2）夫妇的姓氏

在现在的《日本民法》上,如果二人结为夫妻那么必须选择使用共同的姓氏(姓)作为婚后的姓氏。即夫妻同姓的原则(《日本民法》第 750 条)。虽然不能认为选择丈夫的姓氏没有在形式上违反夫妻之间的平等,但是现实生活中近 98% 的夫妻均选择了以丈夫的姓氏作为婚后共同的姓氏。然而在当下,结婚后希望各自保留自己姓氏的情况也是存在的,对此《日本民法》在修改时虽然也进行了讨论,但是就目前情况而言恐怕很难实现该变化。此外,依据 2015 年 12 月日本最高法院的判决(目前还有争议),《日本民法》第 750 条的规定被判定符合宪法规定。

（3）夫妻财产制度

夫妻之间可以通过合同的方式来自由约定如何处理与婚姻关系有关的财产(即夫妻财产合同)。对此,在《日本民法》上,规定了该合同中的约定不得对抗在未提交结婚申请之前该夫妻的继承人或者第三人(《日本民法》第 756 条),以及在提交结婚申请后不能变更该合同(《日本民法》第 758 条第 1 款)等诸多限制条件。在提交结婚申请前如果没有其他特殊的约定,必须遵守民法上有关法定财产制的规定(《日本民法》第 755 条),因此在日本,有关夫妻间财产的约定大多会依据法定财产制的内容来设定。

在法定财产制的制度中,结婚前自己所有的财产以及婚后以自己的名义所得的财产,以其名义人成为固有财产的归属依据(标注丈夫姓名的就是丈夫的财产,标注妻子姓名的就是妻子的财产),当归属者不明时,推定为夫妻共有财产(《日本民法》第 762 条)。所谓推定的意思是指法律上首先会设定一种规则,如果当事人能够提出相反的证明,那么就不适用该规则的内容。

在婚姻存续期间产生的费用,即夫妻之间的生活费或对未成年子女的教养费用等,该夫妻在依据对其资产、收入以及其他一切因素进行综合判断后进行分担,(婚姻费用分担义务。《日本民法》第 760 条)。此处所规定的婚姻费用并不是指结婚仪式的支出费用。

(4) 日常家庭债务的连带责任

当夫妻关系涉及对外财产的处理时,《日本民法》所赋予了其财产法的色彩,即规定了有关日常家庭债务连带责任的相关内容。在《日本民法》第 761 条中规定了夫妻一方与其他第三人之间产生了与日常的家庭事务有关的法律关系时,另一方对该法律行为产生的债务负有连带责任(但是,如果预先告知其他第三人自己对该债务不负有责任时,可以不受此规定的约束)。为了维持夫妻共同体的生活,在与衣食住行有关的购买商品或借款的情况下,由夫妻之间一方承担的债务,如果该债务具有日常性、家庭事务性的特点,则在债务履行上夫妻二人均应当承担连带责任。例如,因为妻子支付水电费、房租、购买家庭电子产品的所产生的货款等债务丈夫负有偿还的连带责任。总而言之,《日本民法》上规定了丈夫或妻子的固有债务,即这是夫妻作为生活共同体的债务,通过使夫妻之间一方承担连带责任的方式从而来保护第三人与其进行的交易。诚然,法律上对于这种连带债务的偿还仅限定于与日常家庭事务有关的部分。若夫妻一方是在对自己所拥有的作为固有财产的不动产进行处分时,则当然与日常家庭事务无关。

(5) 夫妻间的合同

在夫妻之间,例如在签订赠与之类的合同时,作为婚姻关系中的夫妻一方可以随时撤销该类合同(《日本民法》第 754 条)。因为,夫妻间对于此类合同的履行并不受强行法的管辖,而是基于夫妻之间的爱情或在道德上所赋予的必须履行的宗旨。对此,日本的理论界多有批判。

(6) 婚约与事实婚姻

婚约,即在一般市民社会中对于婚姻(结婚)进行约束的内容。由于,在《日本民法》中并没有对婚约进行规定,因而,对婚约的评价主要依据判例或者学说。婚约如果看作未来婚姻缔结的合同,如果一方毁约或者不履行债务(参考本书第 6 章内容)时,或者该毁约是由于故意或者过失给对方造成了不当(财产或精神的)的损失时,那么可以依据侵权行为的规定(参考本书第 5 章内容),不论哪一方受到了损害都会成为损害赔偿的对象。

婚约的成立,并不需要任何形式要件。在社会中经常进行的交换彩礼的仪式只是一种民间上的习惯,其并不能成为婚约是否缔结的判断依据。在法律上,所谓的彩礼可以看作确立婚约成立的一种赠与行为。通常,如果该彩礼是作为婚约成立的条件,以及以未来缔结婚姻关系为目的所进行交付的,那么如果该婚约被解除,则该彩礼必须被返还。一般情况下,可以依据不当得利(参考本书第 5 章内容)返还请求权来进行主张彩礼的返还。但是根据判例,如果导致婚约被解除是基于彩礼授予方的责任时,则该授予方不得依据返还请求权来主张返还聘礼。这是对有过错的授予者进行制裁的一种方式(如果相较于以彩礼的财产价值而言被授予方还遭受了更大的损失时,还可以采用其他方式进行求偿)。

在日本法上,事实婚姻(日语原文为"内缘")并不是法律用语。即当一对男女在不提交结婚申请的情况下,形成了所谓的生活共同体时(一起生活、共同承担家庭开销),虽然没有提交结婚申请,但却存在婚姻的意思的这样一种状态被称之为事实婚姻(当没有结婚的意思而一同居住时,一般被称之为"同居")。在现代社会中,法律上由于采用法律婚主义对婚姻进行界定,因此虽然实质上男女双方以如同存在婚姻关系那般一起共同生活,由于实质上并没有提交结婚申请,在这样的事实婚姻的状态下,当事人的权益并不受法律的保护。由于日本的判例和学说均承认事实婚姻,因此事实婚姻的当事人可以受到法律的保护。依据今天的学说,事实婚姻可以比照婚姻那样,针对不法行为主张撤销(准婚理论)。具体而言,欠缺结婚申请的事实婚姻,由于欠缺入籍这一条件(在户口本上登记)而未被法律认同存在婚姻关系的法律效果,但是基于存在共同生活的事实效果,有关的同居互相协助、扶助的义务,婚姻费用分担的义务,日常家庭事务的债务的连带责任,财产分配等内容都可以比照婚姻关系的法律规定进行类推适用。

2. 离婚

(1)离婚的程序

当婚姻关系无法持续时,即面临着离婚的问题。对此,在《日本民法》上规定了可以采用当事人合意的方式进行协议离婚(《日本民法》第 763 条),以及通过法院来判决离婚的离婚方式。在判决离婚时,被认定离婚的原因必须存在一方当事人不忠诚或恶意遗弃等情形。此外,如果存在难以继续维持婚姻的重大事由时,也可以被认定为离婚的原因(《日本民法》第 770 条)。根据 1987 年(昭和 62 年)日本最高法院的判决,对于所谓的有责任者,即导致离婚纠纷责任的一方当事人也可以提出离婚请求。除上述两点以外,在判决离婚的程序上也包含了在家事法院进行的调解离婚。

(2)财产的分配

提出离婚的一方当事人,可以向对方提出分割财产的请求。如果当事人双方无法对分割财产达成一致时,在法律上规定了可以由家事法院来判决是否分割财产,以及如何分割等事宜。同时,夫妻双方也可以就共同创造的财产的分割以及其他的所有相关事项进行协商。

离婚时的财产分割与抚恤金之间也存在着一定的关系。当判定离婚抚恤金时,虽然也需要将财产分割作为一种因素进行考虑,但是依据判例,即使该财产已经被分割了,也不当然被理解为包含了损害赔偿的要素。因此,如果该财产的金额以及补偿方法不能满足对离婚请求者的精神慰藉时,当事人还可以提出以抚恤金的方式进行赔偿。

以协议的方式进行财产分割时,在日本曾经发生过丈夫为了逃避债权人的追讨与其妻子离婚,以分割其财产方式隐瞒债务的情况。因此,如果按照此种情形作为财产分割的目的,则与民法第 768 条所规定的制度主旨相去甚远。因此,如果以上述的特殊理由假借财产分割方式进行财产处分时,那么被其处分的全部或者部分的财产将可能会被认定为由于欺诈导致撤销的对象。

3. 亲子与养子

（1）亲子

所谓的亲子关系就是当男女双方提交结婚申请后,在法律上认定该夫妻在婚姻存续期间所生的孩子为婚生子女(在其后的《日本民法》第 772 条上,规定了父性推定与嫡子推定),而没有提出结婚申请的男女之间所生的孩子被称为非婚生子女。依据有关亲子关系的法律规定,在继承份额上设置了婚生子女与非婚生子女(具体有关继承份额的内容将会在下一章进行详细介绍)的差额制度,但是在 2013年(平成 25 年)日本对该制度进行了修改。

实际上所谓亲子关系,简而言之就是因出生而产生的父母与子女之间的血缘关系。对此,依据分娩的这一事实可以容易地判定母亲与子女之间的亲子关系,反之,判定父亲与子女之间的关系则存在一定的难度。因此依据《日本民法》第 772条第 1 款的规定,推定妻子在婚姻存续阶段所生的子女就是其丈夫的子女。由于该推定仅仅依照于法律的特别程序(《日本民法》第 774 条规定了,丈夫有权否定嫡生关系),因此可以依据事实情况予以推翻。相反的,如果子女出生于其母亲尚未结婚之时,法律上也为此制定了非婚生子女的认领制度。即作为父亲可以自己认定与该子女之间的亲子关系,在这一自由认领的制度之下,可以推定该认领者父亲的身份(《日本民法》第 779 条规定了母亲的认领制度,即在弃儿或子女失踪等情况下,由于很难证明其母亲的身份或者存在怀胎、分娩的事实,因此建立了母亲认领这一特殊制度)。同时,对于子女而言,其直系后代或者法定代理人可以提起确认之讼,由法院通过判决来确认父子关系。

对于非婚生子女而言,给予其婚生子女身份的法律制度在《日本民法》典中被称之为"准正"。"准正"制度中包括两种情形,第一种是父亲认领的子女,依据父母的婚姻关系而取得婚生子女的身份(《日本民法》第 789 条第 1 款);第二种是在婚姻存续中父母双方认领的孩子,从该认领之时即取得婚生子女的身份(《日本民法》第 789 条第 2 款)。

（2）养子

所谓养子,即没有血缘关系的他人的子女,在当事人的合意之下通过法律成为自己子女的一种制度(《日本民法》第 792 条)。虽然养子可以取得了婚生子女的身份,但是由于养子并不会与亲生父母或其亲属断绝亲属关系,因此养子存在两对父母(因此,养子对其亲生父母的财产也享有继承权。具体请参考本书第 9 章第 2节)。虽然如此,由于在实际生活中存在着许多希望认领刚刚出生的他人的子女作为自己的子女,但不希望该子女与其亲生父母断绝亲属关系的情况,因此在 1987(昭和 62 年)日本的法律为此制定了特别养子制度(《日本民法》第 817 条第 2 款以下)。具体而言,作为该制度的原则,收养者可以对于不满 6 岁的子女,通过家事法院的判决与之建立收养关系。在特别养子制度下,养子与亲生父母之间的亲子关系不复存在(其继承权也相应消失)。虽然在收养上需要在户籍上对养子进行登记,但是在采取特别登记的方法之下,对于特别养子的情况采用了很难让他人知晓的方式进行记载,这便区别于一般养子的登记方式,对于将刚刚出生的子女认领为自己的子女的这种所谓"在稻草上出生的养子",其出生申请是无效的,虽然并不能与其产生亲子关系,但是在实际当中,也存在着通过法院的判决承认其收养关系的判例。对此,虽然有一些学者支持这样的处理方式,但日本最高法院对此并不认同。

依据一般的收养行为而产生的父母子女关系,可以通过断绝关系这一方式解除其关系的(但是根据特别养子制度而建立的特别养子父母关系在原则上是不能通过该方式来解除。《日本民法》第 817 条第 10 款第 2 项。其理由在于特别收养关系的主旨就是为了让当事人之间建立如亲生父母子女一般的亲子关系)。解除收养关系的基本方法与离婚的情况有些相似,可以通过协议或者判决的方式来解除其关系。收养关系中的一方当事人死亡后,尚存的另一方当事人可以通过家事法院的判决来实现解除收养关系的目的(《日本民法》第 811 条第 6 款,即死后收养关系的解除)。

4. 亲权·监护·保佐·辅助

（1）概说

在现代家族法中,不仅设置了对子女、配偶的保护制度,还设置了对家族中高龄者的保护制度。在迎接老龄化社会的背景之下，需要从新的视角上来对监护或保佐的问题进行思考（也就是所谓的成年后的监护问题，这些问题体现在 1999 年 12 月《日本民法》的修正案中，该修正案已经于 2000 年 4 月起开始施行。同时，对本人意思表示及决定权的尊重，以及针对残障人士建立起一个使其能够正常生活的家庭或者地域这一正常化的理念也被当今的《日本民法》作为考虑的因素）。

（2）亲权

① 亲权与亲权人

未成年子女要服从于亲权（《日本民法》第 818 条）。简言之，亲权就是服从于父母的监管教育或者财产管理的权利。未成年子女由于通过结婚而被认定为成年，因此可以脱离亲权的约束。

享有亲权的（亲权人）是未成年人的父母（《日本民法》第 818 条 1 款）。不仅是亲生父母，养父母也同样享有亲权（《日本民法》第 818 条 2 款）。在养父母享有亲权的情况下，孩子的亲生父母将不再享有亲权？还是养父母的亲权优先于其亲生父母？对此在学说上存在着分歧。同时，所有的父母并不当然是亲权人，如果作为父亲或者母亲的一方其本身尚未成年时，其父亲或母亲的父母亲（或者监护人）可以代为行使其亲权（《日本民法》第 833 条、第 867 条第 1 款）。虽然在现行民法上没有明文的规定，但是如果作为父亲或母亲的一方依据日本旧民法的规定成为完全无民事行为能力人时，一般认为其不具备行使亲权的资格（在判例上也否定了限制民事行为能力人享有行使亲权的资格）。

② 亲权的内容

亲权的内容，亲权首先被称之为"人身监护"，即对未成年人施以监督保护和教育，对于亲权人而言既是权利也是义务（《日本民法》第 820 条）。其次是针对财产的管理，换言之即对其子女的财产进行管理，同时也代表其子女实施有关财产的法律行为即财产管理权（《日本民法》第 824 条）。但是，以子女的行为为目的而产生债务的情况下，必须获得其本人的同意。例如，如果让孩子出演儿童电视剧时，未经其本人同意父母不得代表其缔结参加演出的合同（《日本民法》第 824 条）。上述的"代表"一词，可以理解为与代理有同样的意思。也就是说，亲权人是其子女的法定代理人（此处并不是依据合同授权其成为代理人而享有代理权，而是依据法律给予其代理人的地位）。作为原则，亲权人享有对其子女的所有的财产进行管理的权利，但是亲权人的管理权无法行使于以下两种情况：对于亲权人以制定目的而许可其处分的财产（《日本民法》第 5 条），以及能够获得营业许可的子女管理其经营的财产的（《日本民法》第 6 条）。

③ 利益冲突行为

举例说明，亲权人将子女的财产进行赠与的行为，对于亲权人而言是有利的，但是对于其子女而言是不利的。行使亲权的父亲或者母亲一方当实施了与其子女的利益相互冲突的行为时,这种行为被称之为利益冲突行为。对于这样的利益冲突行为,亲权人可以向家事法院提出为其子女选择特别代理人的请求(《日本民法》第 826 条第 1 款)。当存在多个子女的情况时,该规定也同样适用于确认其中一个子女与其他的子女存在利益冲突的情形(《日本民法》第 826 条第 2 款)。

④ 亲权的丧失与中止

由于出现了父母虐待子女或者恶意遗弃该子女等情形,使得行使亲权导致子女的利益遭受显著侵害的事件时有发生,因此在 2011 年日本法律主张从防止虐待儿童的观点出发,建立了亲权丧失的审判制度(《日本民法》第 834 条)。当出现亲权行使困难或行使不适当导致其子女的权利受到侵害时,可以适用以 2 年为期限的限制亲权行使的亲权中止制度。

(3) 监护、保佐与辅助

① 意义

监护,即为了保护未能得到来源于亲权保护的未成年人,以及成年的被监护人(即日本旧民法上的完全无民事行为能力人),因而在法律上建立了监护制度。执行监护职务的人被称为监护人。因此,对于未成年人而言,亲权人为其法定代理人,当不存在亲权人或者该亲权人不享有管理权的情况下适用监护制度。同时,监护人也是法定代理人。当被监护人是成年人时,其监护人必须由成年监护人担任。此外,日本还建立了对监护人进行监督的监护监督人制度(《日本民法》第 848 条以下)。所谓的保佐制度,即为了保护被保佐人(即旧《日本民法》上所规定的限制民事行为能力人)而设置的一种制度。行使该权利的人被称为保佐人。需要注意的是,保佐人在日本旧民法中只享有当旧民法中所规定的限制行为能力人(准禁治产人)在实施一定的行为时必须首先得到保佐人的同意这一权利。而在日本的新民法中,除了上述的权利以外,对于未经保佐人同意而由被保佐人实施的行为,保佐人享有对其行为的撤销权。

再有,对于当事人所选择的特定行为,保佐人也同样享有代理权。此外,在日本新民法中还制定了旧民法中由于轻度精神障碍被判定为判断能力不足的人作为辅助制度对象这一制度(具体内容参考本书第 2 章民法总则部分的内容)。

② 监护的开始

监护始于不存在对未成年人行使亲权的亲权人的情况,或者亲权人不享有财产管理权的情形,或者对于成年被监护人而言有关监护的审判开始的时刻(《日本民法》第 838 条)。

③ 监护人及监护监督人的选任

未成年人的监护人可以由最后行使亲权的亲权人以遗嘱的方式进行指定。行使亲权的父母双方中,当一方不享有管理权时,另一方父母可以为其子女指定其监护人(《日本民法》第 839 条)。当不存在上述采用指定方式选任监护人情况下,可由家事法院依据未成年被监护人或者其亲属中其他利害关系人的申请为该未成年被监护人选任监护人(《日本民法》第 840 条)。成年被监护人的选任,由家事法院在确定其需要监护时进行依照职权实行。即使是成年被监护人存在监护人的情况下,如有必要,可以依据成年人的被监护人或者其亲属、其他利害关系人或者成年被监护人本人的申请,或者由法院依照职权,为成年被监护人选任其他监护人(《日本民法》第 843 条)。在监护监督人的选任上,未成年人的监护人的监护监督人由指定未成年人的监护人一方或者家事法院进行选任。成年人的监护人的监护监督人则由家事法院来选任(《日本民法》第 848 条以下)。

④ 监护人及监护监督人的权利

未成年人的监护人与亲权人虽然有相似的权利,但仍然存在若干限制条件(《日本民法》第 857 条)。成年人的监护人的权利是针对于与该成年被监护人的生活及疗养看护相关的事务,以及作为法定代理人对于成年被监护人的财产进行管理(《日本民法》第 858 条、第 859 条)。对此,在日本最新的民法中还进一步规定了要尊重成年被监护人的意思(《日本民法》第 858 条)。同时,最新民法中还增加了成年人的监护人可以对该成年被监护人的邮件进行管理的权限(《日本民法》第 860 条第 2 款)。监护监督人的权利是对监护人的行为进行监督,以及在欠缺监护人时,必须及时地向法院提出申请,要求法院为该被监护人选任新的监护人(《日本民法》第 851 条)。

⑤ 保佐人与辅助人的权利

保佐人的权利是享有许可被保佐人实施一定的行为(例如买卖不动产、实施保证、赠与、建造房屋或者装修等)的权利(《日本民法》第 12 条)。此外,还包括撤销权以及特定行为的代理权(具体可以参考本书第 2 章第 3 节)。在最新创设的辅助人制度中,对于当事人实施一些特定的行为时,辅助人享有对其行为的许可权、撤销权以及代理权(参考本书第 2 章第 3 节)。

第9章 继 承 法

第1节 继承法概览

继承的构造

（1）权利与义务的继承

人在死亡时丧失其权利能力，其所有权和债权也会一并失去。这时，死者的个人资产上的权利需要由新的权利人来继承。为了债权人的安全考虑，死者的债务也需要有人来继承。就上述继承的规则作出规定的就是继承法。继承死者的权利和义务的人称为继承人，权利义务被继承的人（死者）称为被继承人。

（2）遗嘱继承与法定继承

继承中有两个基本规则，其一是遗嘱继承。作为意思自治、私法自治原则的归结，原则上人可以自由决定死后财产的去向。遗嘱继承的方法是立下遗嘱。遗嘱是单独行为。虽然遗嘱人可以在遗嘱中把全部财产赠与给没有血缘关系的人，或是全部捐献出去，但是日本还存在一种遗留份的制度，这一制度是为了保障遗嘱人的父母、配偶、子女等对一定份额的遗产所拥有的权利，而对遗嘱继承施加的一定限制。然而，如果没有人对遗留份提出请求，遗嘱就会按照原本书写的内容生效。

另一个规则是法定继承，即依法律规定在特定的亲属中按照一定比例分配遗产。《日本民法》既承认遗嘱继承，也承认法定继承。至于二者谁为原则，在学说上存在争议。从意思自治的观点来看，遗嘱继承应当是原则，而法定继承是在死者未立遗嘱时的补充。然而，日本的生活实践中，立下遗嘱的人并不多。所以，从表面上来看法定继承更像是原则，在一般认识中，只有当人们不希望按照法定规则分配遗产时，才会立下遗嘱。

（3）继承的效力

继承人从继承开始之时起继承被继承人财产上的一切权利义务。但是被继承人的人身专属权利义务不能被继承。专属权利是指扶养请求权与接受生活保护权等权利，专属义务包括身份保证合同的保证债务等。存在复数继承人时，遗产由全部继承人共有（《日本民法》第898条），每个共同继承人继承与自己的继承份额相应的权利义务（《日本民法》第899条）。

第2节　继承法的学习重点

1. 法定继承

（1）法定继承人

法定继承是指，当被继承人死亡的事实发生时，由法律规定的人作为继承人进行的继承（继承在被继承人死亡之时开始。《日本民法》第882条）。由法律确定的继承人（法定继承人）都有谁呢？首先，如果被继承人存在配偶，那么配偶一定是继承人（《日本民法》第890条），并与下列的血亲继承人处于同一继承顺序。但是没有登记结婚的配偶，其继承权不被承认。血亲继承人当中存在一定继承顺序。被继承人的子女处于第一顺序（《日本民法》第887条第1款）。如果被继承人的子女在继承开始前（也就是被继承人死亡前）死亡的，则由被继承人子女的晚辈直系血亲（如其子女或孙子女）来代替成为继承人（代位继承。《日本民法》第887条第2款）。《日本民法》在继承中将胎儿视为已经出生，承认胎儿的继承权（《日本民法》第886条第1款），但是胎儿出生时已经死亡的除外（《日本民法》第886条第2款）。如被继承人没有子女或孙子女，继承人按照下列顺序排列：第二顺序是被继承人的长辈直系血亲（如父母或祖、外祖父母，父母优先于祖、外祖父母）；第三顺序是被继承人的兄弟姐妹。由上可知，在血亲继承人中，如果继承人有子女（或晚辈直系血亲），那么继承人的长辈直系血亲（如父母等）就不能成为继承人；被继承人的兄弟姐妹只有在被继承人既没有晚辈直系血亲也没有长辈直系血亲时才能成为继承人。

此外，因故意致使被继承人死亡并被判刑的，或使用欺诈、胁迫手段使被继承人留下遗嘱的不能成为继承人（继承人不适格事由。《日本民法》第891条）。拥有遗留份的被推定为继承人者（上述第二顺序以上者）如有虐待被继承人等严重不正当行为的，被继承人可以请求家庭法院不将该推定继承人作为继承人（继承人的废除。《日本民法》第892条）。

（2）法定继承份额

《日本民法》第900条对存在复数同顺序法定继承人的情况作出了以下规定。①继承人是配偶及子女时，双方各占继承份额的二分之一。如果子女有两人，则将子女的二分之一再二等分,每个子女拥有继承份额的四分之一。②继承人是配偶及长辈直系血亲时,配偶的份额占三分之二,长辈直系血亲占三分之一。如有复数长辈直系血亲的,则再次等分长辈直系血亲之份额。③继承人是配偶及兄弟姐妹时,配偶的份额占四分之三,兄弟姐妹的份额占四分之一。如有复数兄弟姐妹的,再等分兄弟姐妹之份额。④父母中只有一方相同的兄弟姐妹的份额是父母双方都相同的兄弟姐妹份额的二分之一(过去还曾有过非婚生子女继承份额是婚生子女份额的二分之一的规定,此规定在 2013 年(平成 25 年)被废除)。

1980 年(在昭和 55 年)修订后的现行规定中,配偶的继承份额与之前(昭和 22 年(1933 年))的规定相比增多了。上文中以文字进行了描述,下面用表格进行表示:

与第一顺序血亲继承人共同继承	配偶 子女	
与第二顺序血亲继承人共同继承	配偶 长辈直系血亲	
与第三顺序血亲继承人共同继承	配偶 兄弟姐妹	

《日本民法》第 901 条中规定,依照第 887 条第 2 款和第 3 款的规定由晚辈直系血亲(也就是继承人的子女死亡时被继承人的孙子女)代位继承的情况下,代位继承人的份额与其长辈直系血亲应继承的份额相同。如果存在复数晚辈直系血亲,其各自的长辈直系血亲的应继承份额依照第 900 条的规定划分(《日本民法》第 901 条第 1 款。即如果已死亡子女下面有复数孙子女,则将已死亡的子女的份额按人数等分)。在依照第 887 条第 2 款的规定由兄弟姐妹的子女代位继承时(兄弟姐妹本应是继承人但先于被继承人死亡,其子女代位继承)也同样如此(《日本民法》第 901 条第 2 款)。

(3) 指定继承份额

《日本民法》第 902 条规定,被继承人可以通过遗嘱或委托第三人来指定共同继承人的继承份额,但是被继承人或被委托的第三人不能违反遗留份的相关规定(《日本民法》第 902 条第 1 款。遗留份的内容请参照后文 4 的遗嘱继承(4))。如果被继承人只指定了或委托指定了共同继承人中的一人或部分人的继承份额,其他(未被指定继承份额的)共同继承人的继承份额依照前 2 条规定划分(《日本民法》第 902 条第 2 款)。

(4) 继承人之间的公平

① 特别受益人的继承份额

存在复数法定继承人,且其中有继承人接受了被继承人生前的特别赠与,或者接受了后述的遗赠时,在计算继承份额时应将所接受的财产的数目返还到遗产中再进行分割,并在其继承份额中扣除已受益的部分。这就是特别受益返还制度(《日本民法》第 903 条)。属于特别受益的有结婚时的不动产赠与,或者与其他继承人相比更加高额的学费资助等。

② 贡献份额

此外,共同继承人中有向被继承人的事业提供劳务或对被继承人进行看护的,或者对被继承人的财产的维持或增加有特殊贡献的,应当在其继承份额中有所体现。受上述观点影响,1980 年(昭和 55 年)《日本民法》修订时增加了贡献份额的规定(《日本民法》第 904 条之 2)。如存在特殊贡献,共同继承人可通过协议或者家庭法院的审判将贡献以金钱评价,并在继承份额中增加相应的贡献份额。

2. 继承的放弃与承认

继承是对死者的全部财产关系的继承(概括继承)。如果死者生前负有债务,其债务也会被归入遗产中。一些情况下,可能会出现负债比正向财产还要多的情形。在这种情形下,继承人也必须将负债一并继承。然而根据个人意思自治的观点,继承人应当被给予自己决定的机会。在这里,民法给继承人提供了三个选项:(1)全面拒绝财产的继承(**放弃继承**);或者(2)全面接受财产的继承(**单纯承认**);或者(3)只继承正向财产数额限度内的债务等清偿义务(**限定承认**)。继承人不能只继承正向财产而放弃负债。继承人应当在知道继承开始之日起三个月内(被称为**熟虑期间**)进行上述选择(《日本民法》第 915 条第 1 款)。

① 放弃继承

继承的放弃必须向家庭法院申请(《日本民法》第 938 条)。放弃继承的人被视作从一开始就不是继承人(《日本民法》第 939 条)。

② 单纯承认

作出单纯承认时,继承人将无限的继承被继承人的权利义务(《日本民法》第 920 条)。继承人处分全部或部分遗产的,或在知道继承开始之日起三个月内没有放弃继承或作出限定承认的,将被视为作出了单纯承认。

③ 限定承认

要进行限定继承,继承人应当在知道继承开始之日起三个月内制作财产目录并提交给家庭法院,并明示限定承认的意思(《日本民法》第 924 条)。此外,如存在复数继承人时,限定继承必须取得所有继承人的同意才能作出。如果不这样规定,会导致法律关系过于错综复杂。如果共同继承人中的一人进行了放弃或主张单纯承认,就无法再进行限定承认。但如果其他共同继承人都放弃了继承,只剩下了一个继承人,那么这个人也可以作出限定承认。

3. 遗产分割

有复数继承人时,遗产由全部继承人共同所有。遗产分割是指将遗产进行最终转移的程序。遗产分割有协议分割与裁判分割两种(《日本民法》第 907 条)。继承中所出现的纷争多是在遗产分割阶段发生的。当然,如果继承人之间通过协议进行协调,也可以不分割某项继承财产(比如共同继承的一块土地),而继续按份共有。被继承人也可以通过遗嘱来指定分割方式。裁判分割由家庭法院通过审判程序进行。

4. 遗嘱继承

(1) 遗嘱的方式

遗嘱在遗嘱人死亡时开始生效(《日本民法》第 985 条)。为了能够正确地把握死者的最终意思,防止他人伪造,民法对遗嘱的方式进行了严格的要求。如不按照民法规定的方式订立遗嘱,就不能产生法律效力(《日本民法》第 960 条)。作为遗嘱的普通方式(《日本民法》第 967 条),规定了自笔证书遗嘱,公正证书遗嘱以及秘密证书遗嘱三种。作为特别方式(《日本民法》第 967 条但书),规定了危急时遗嘱与隔绝地遗嘱(其中死亡危急者的遗嘱是指,遗嘱人因疾病或其他事由濒临死亡时,可由三名以上证人见证,并由其中一名证人记录下遗嘱人口述的内容。其也被称为一般临终遗嘱。《日本民法》第 976 条)。此外,如不存在遗嘱,或者虽然存在遗嘱但不具有法律效力的,应当进行法定继承。

① 自笔证书遗嘱(与自书遗嘱概念相近)

自笔证书遗嘱是不需其他人帮助的最简单的遗嘱方式。遗嘱人必须自己书写遗嘱全文、日期、并签名盖章。如要对遗嘱内容进行增减订正,遗嘱人须标注出所修改的地方,并在修改内容处署名盖章,否则无效。

② 公正证书遗嘱(与公证遗嘱概念相近)

公正证书遗嘱是由公证人来制作遗嘱的方式。公正证书遗嘱须有第一,两名以上证人进行见证;第二,遗嘱人须向公证人口述遗嘱内容;第三,公证人记录遗嘱人口述的遗嘱内容后,须为遗嘱人朗读或将文本交给遗嘱人阅览(阅览部分于2000 年 4 月修改时新增)第四,遗嘱人与证人确认遗嘱内容无误后,须在遗嘱上签字盖章;第五,公证人应在经上述程序制作的遗嘱上进行附注,并签字盖章(《日本民法》第 969 条)。可见,公正证书遗嘱方式确实非常麻烦。此外,如遗嘱人不能进行口述,可以通过手语翻译或自行书写的方式来代替第二中的口述步骤。同样,如遗嘱人或证人患有耳聋,公证人也可以通过手语翻译代替步骤第三进行遗嘱内容传达(参见 2000 年 4 月修改的《日本民法》第 969 条第 2 款)。

③ 秘密证书遗嘱

制作秘密证书遗嘱时,遗嘱人应将自行书写或他人代为书写并自己签名盖章的遗嘱封存,并向公证人及 2 名以上证人出示。遗嘱人应申明遗嘱书写人等事项,由公证人记录在封纸上,并全员署名(《日本民法》第 970 条)。如遗嘱人是聋哑人,可通过手语翻译进行上述申明,或亲自在封纸上加以记录(参见 2000 年 4 月修改的《日本民法》第 972 条)。

（2）遗赠

遗嘱的内容原则上可以自由决定。遗嘱人可以通过遗嘱来改变法定继承人的继承份额,也可以将自己的财产赠给法定继承人以外的任何人,也就是所谓的遗赠。遗嘱人可以将全部财产概括性地遗赠给他人(概括遗赠),也可以只遗赠特定财产(特定遗赠)。但是遗赠不能违反遗留份的相关规定(《日本民法》第 964 条)。

接受遗赠的人称为受遗赠人。受遗赠人如不希望接受遗赠,可在遗嘱人死亡后随时放弃遗赠(《日本民法》第 986 条第 1 款)。既然法定继承人可以放弃继承,受遗赠人自然也可以放弃遗赠。此外,概括受遗赠人与继承人拥有相同的权利义务(《日本民法》第 990 条)。

让我们在这里回顾一下死因赠与。在本书的第 4 章中已经介绍过,死因赠与中赠与人的死亡是停止条件,也就是说赠与人死亡时赠与才产生效力。死因赠与是被继承人生前所缔结的合同,而遗赠是单独行为,二者虽不同,但其机能是类似的。因此在民法中,死因赠与也准用遗赠的相关规定(《日本民法》第 554 条)。在继承税法中也包含了死因赠与以及遗赠相关的内容(日本继承税法第 1 条之 3 第 1 款第 1 项)。

（3）遗嘱的撤回

根据遗嘱自由原则,遗嘱在内容自由的同时,其撤回也是自由的。遗嘱人可随时按照遗嘱的方式,撤回全部或部分遗嘱(《日本民法》第 1022 条)。即出于对遗嘱人最临近死亡时的最终意思的尊重,遗嘱人可以多次修改遗嘱的内容。如果在先的遗嘱的内容与在后遗嘱相抵触,视为在后遗嘱撤回了在先遗嘱的相抵触部分(《日本民法》第 1023 条第 1 款)。

（4）遗留份

前文已经提到,民法规定了遗留份制度以对遗嘱的自由进行一定的限制。出于对个人意思的尊重,应当承认人处分生前及死后财产的自由,但也应当保护法定继承人对财产继承的期待。因此,民法将遗产的一定比例保留为遗留份,以保障继承人的权益。但是遗留份的保障并不意味着全部财产的遗赠或临终赠与将会直接无效。遗留份权利人的遗留份被侵害的,可以通过遗留份减除请求,以遗留份额度为限度,取回被遗赠或生前赠与的财产(《日本民法》第 1031 条)。

遗留份权利人是法定继承人中除兄弟姐妹以外的人。遗留份的份额,在只有直系长辈是继承人时,是遗产的三分之一;此外的情形,如继承人是配偶或晚辈直系血亲等情况下,是遗产的二分之一(《日本民法》第1028条)。各遗留份权利人的遗留份份额的计算方式是将以上额度与各自的法定继承额度相乘。例如,继承人有配偶及两个子女时,首先将遗产的二分之一作为遗留份保留,并将总体遗留份的二分之一分配给配偶,剩下二分之一分配给两个子女,两子女间再平分他们所分到的份额。

这里应当注意,计算遗留份的基础财产应包括继承开始前一年内因生前赠与而流出的财产,如赠与双方明知会对遗留份权利人造成损害并进行赠与的,一年前的也应包括(《日本民法》第1030条)。如果不这样规定,遗留份制度可能会被临终赠与架空而丧失其意义。被继承人死亡时(继承开始时)的财产加上一定被赠予的财产,再将所负债务全额减去,就可以确定计算遗留份的基础财产(《日本民法》第1029条第1款)。

此外,遗留份减除请求权应当由遗留份权利人在继承开始后,知道存在应减少的赠与或遗赠之日起一年内行使,否则权利将因时效经过而消灭。继承开始之日起十年后,该权利同样因时效经过而消灭(《日本民法》第1042条)。

5. 财产分离

在继承人自身有负债的情形下,遗产的债权人(对被继承人拥有债权的人)或受遗赠人为了防止遗产与继承人的财产发生混同从而使他们无法得到给付,在继承开始之日起三个月内,可向家庭法院请求将遗产从继承人的财产中分离出来(第一种财产分离。《日本民法》第941条第1款)。请求财产分离的人可就被分离的遗产优先于继承人的债权人受偿(《日本民法》第942条)。相反,考虑到可能出现继承人因继承负资产而导致资产状况恶化的情形,继承人的债权人也可以请求财产分离以确保自身债权的回收(第二种财产分离。《日本民法》第950条)。

6. 继承人不存在

在遗产有无继承人尚不明确时,遗产将被设立为法人(继承财产法人)(《日本民法》第951条)。此时,经利害关系人或检察官请求,家庭法院应当选任遗产的管理人(《日本民法》第952条第1项)。对遗产管理人准用不在者的财产管理人的规定(《日本民法》第953条)。在家庭法院公告了所选任的管理人后仍未找到继承人的,管理人应当向所有的继承债权人及受遗赠人发出公告,提示他们作出请求(《日本民法》第957条)。经管理人或检察官的请求,家庭法院还应发布继承人搜索的公告(《日本民法》第958条)。如果仍未找到继承人,经与被继承人一同维持生计的人、看护照顾被继承人的人或其他与被继承人有特别因缘的人的请求,家庭法院可以将清算后的遗产的部分或全部分给上述特别因缘人(《日本民法》第958条之3)。如果连特别因缘人都不存在,剩下的遗产将充归国库(《日本民法》第959条)。

第 10 章　学习上的建议

第 1 节　在与读者告别之前

截至本书前一章为止,本人即完成了对民法整体内容的大致介绍。在与垂阅本书的读者们告别之前,我还想分享一下自己所积累的民法学习技巧,并为进一步学习民法的同学们提出几点建议。鉴于读者们对民法的理解度各不相同,本章分别面向初级者与中级者提出了不同的建议,但大家在对号入座之前不妨二者均先阅读一下。

第 2 节　面向初级者的民法学习建议

1. 学习方法

接下来希望读者们运用此前所学的知识,参考后面介绍的教科书等,对民法展开更深入的学习。为此,在这里为大家准备了一些预备知识。

(1) 法学是理解的学问

刚开始学习法学的人,尤其是想参加资格考试人群中,有不少人认为学习法学即需要从头到尾的背诵法学知识。其实这是错误的学习方法,因为法学并不是背诵的学问。虽然在学习完大致的内容之后,在为了准备考试而整理知识时可能需要背诵,但在这之前的学习阶段,是需要通过思考"为何要制定这样的制度? 制定这样的规则的根据何在?"等问题,逐渐加深对各项规定的理解。关于特别法的学习,例如,税务师考试中个别税法的学习,虽然可能有时也会感到不得不记住规则,但此时更应该一边思考其标准、依据,一边体系化地理解其中的内容。作为既是一般法又是私法基础法的民法而言,在学习的时候更不能够死记硬背。而应在各种情况下,充分考虑相对当事人的利益,并注意对当事人意思的尊重、当事人之间的公平,逐渐积累对各项规定的理解,慢慢地在这样的过程中便自然而然学会了举一反三的思考方法(即由于前面是出于那样的想法制定了那样的规定,所以这里按照同样的想也应该就是这样的规定)。

(2)制作关系图

以下介绍阅读法律教科书的方法。一般情况下,很多人在阅读教科书时习惯用红色的铅笔在书上画线,或用马克笔做标记。这样的方法其实很好,因为若只是毫无目的的逐字阅读,则根本无法理解书中的意思。不过,在这里,我向大家推荐另一种阅读的方法,即拿着铅笔在教科书的空白处,一边画当事人之间的关系图,一边理解其内容。例如,"A 将其不动产转让给 B,而后 B 又将其转让给 C。目前该不动产登记在 B 处"这种事例便可以用以下关系图进行表示。

$$A \longrightarrow B \xrightarrow{\text{登记}} C$$

如果是"A 将其不动产转让给 B,同时又将其转让给 C。该不动产还是登记在 A 处"的事例,则其关系图如下。

若不是不动产而是债权的转让,则其关系图需要画地更详细一点。例如,在"将 A 对 B 的债权转让给 C"的情况下,用单线箭头来表示债权,而用双线箭头表示转让会比较容易理解。

在阅读六法①的条文时也可以使用这样的方法。例如,将对法条中出现的人物,用类似于卖主 A、买主 B、第三人 C 这样的方法进行标记,并试着画出关系图。通过以上的方法应该会比只是在文字下面画线而易于理解。

2. 致经济学、商学专业的读者们

以经济学、商学作为专业的人们在学习民法时,往往对不同学科基本想法的差异感到不适。这一点在民法考试时体现得尤为明显。

例如,经济学与民法学相比较,经济学是从对人的行为的分析中诞生的科学。因此经济学的题目是以一种模拟的角度进行出题。也就是说,经济理论是以例如"一般这样的状态下,消费者将如何行动"这样的构造进行研究的,因此在出题时也

---

① 译者注:此处的"六法"是《六法全书》的简称,即指日本主要的六部法典,现在也泛指这六部法典对应的 6 个法律分类。

会采取"假设现在社会上……和……保持一定,若只有……(例如利率)变动则将如何"的方式。相比之下,在民法的情况下,若问题中写着"A 与 B 订立了关于 A 的土地的使用合同,而 C 擅自进入 A 的土地"等,则应先通过题目所提供的所有信息来把握现实的法律关系。因为首先应遵守当事人意思自治的规则,当约定不明时才适用民法的规则,所以在作答时,应先从问题中推测当事人的意思表示,同时确定合同的性质(例如,这是租赁合同)。在此基础上,对题目中出现的所有情况作出判断并查找适用的法律条文,然后再论述适用该条文后,当事人的权利或者义务将如何发生变化。也就是说,经济学的题目是"假象现实的模拟",而民法学的题目是"现实中可能发生的个别纷争状态的设定与解决"。并且,虽然民法中有很多将生活中常用的规则一般化的规定,但民法的规定中当然包含"应该如此"的规范意识。虽然原则上,当事人的意思自治优先,但是也允许通过该意思表示形成反社会的规则。对此,对于法学所需要的规范性的这一特点,在经济学的原则上也是不需要具备的要素。

对就读于经济学院或者商学院的学生而言,在意识到上述差异的状态下学习民法可能会获得更好的效果。

3. 致文学、语言学专业的读者们

法学在某种意义上比文学等专业更称得上是语言的学问。但在文学上,其使用的语言具有多义性,这也使表意方与接受方之间的交流变得更加丰富多彩。相比之下,每一个法学上的词语都是被进行过定义的意思表示(即便如此,法学学者们还在对专门用语的解释进行着各种讨论)。有时法律用语的意思与日常会话中的用法不同。例如"效果"这个词,在文学或日常会话中通常指的是"功效""影响"的意思,而在法学中指的是,若适用某条文将产生有怎样的结果。此外,合同的"解除"指的是(相对人不履行债务时)当事人的一方作出的能够单独使合同效力归于消灭的意思表示,而双方当事人在合意之下终止合同时,应使用"解约"而不是"解除"。

无论如何,在学习法学时只能理解和习惯法学当中各种专业用语其固有的意思,并在考试时不使用暧昧的表述或用语,因为使用如"感觉""余韵"这样的词汇是拿不到任何分数的。

不过,并不是说较为感性的人不适合学法律,而喜欢逻辑的人更适合学习法律。诚然,法学的确是讲究逻辑的学问,但如果让那些只讲究逻辑而缺乏感性的人成为法律家则并不是什么好事,我个人也并不希望这样的人从事法律职业。情感丰富且能够理解对方的心情,为他人的幸福着想的人才能成为好的法学家。因此,我更希望情感丰富的人在掌握逻辑的基础上学习法律。

4. 致理工科专业的读者们

假设依照现在社会的需求有必要在某部法律中添加新的条文,例如,即新增在民法第 36 条与 37 条之间。此时,理工科尤其是理科的人们大多会选择将新条文作为《民法》第 37 条,而将修改前的《民法》第 37 条以下的内容逐条进行顺延。但在法律的世界里,在多数的情况下不会这么操作,而是将新条文作为"第 36 条第 2 款"的这一方式,保持第 37 条以下的条文编号不变。研究数字的人可能会认为这样的处理缺乏美感,而计算机专业的人可能会批评这将导致数据出现混乱。但在像民法这样的具有较长历史的情况下,如果不是对整体修法而只是新增几条法条的情况下,则会采用上述方法,而不影响其他条文的编号。这是因为对学者、律师及企业的法务人员而言,有些常用的条文只要说第几条就能想起其内容,若条文编号全部发生变化,则会影响工作及导致信息混乱。这就是文科所考虑的"社会合理性"(关于这一点,管理学等专业的人因为习惯了讨论事物的实用性,则可能更容易理解上述的修改方法)。

此外,法学还包括"应该这样,应该那样"的社会规范的部分,因此并不是说不论何时都只有一个最佳方案。如果能够做到对于这些理念上的差异加以理解,那么学习起法学来将更加顺利。

5. 致医学专业的读者们

我个人认为,医学专业的人们应该更容易理解法学的构造和想法。这是因为医学不仅具有理科的一面,同时还有文科的一面,并且医疗与解决法律上的纠纷(特别是民事纠纷的解决)在内容上有共同之处。例如,在出血的患者被送来时,医生首先会对患者进行止血,然后再针对病因进行治疗。而在法律上也是首先要固定现状(例,根据民事保全法对资产进行临时冻结或者临时处分)。然后再讨论有无实体法(民法或公司法等)上的权利。此外,关于手术或治疗的方法,医生可能还需考虑是采取最有效的方法,还是采取对患者没有负担并最终能感到幸福的方法。法律的情形也同样如此。进而言之,在法学上存在法哲学、法制史等基础法学领域以及民法、商法等实体法领域,可以说其大致对应着医学上的基础医学与临床医学。

在法学院的课程安排中,民法的课程最多且其中部分课程属于必修,虽然我并不太了解医学的课程安排,但民法就其定位而言应该相当于医学院的内科。希望医学专业的人们以这样的视角阅读本书并进而学习其他法律领域。

6. 判例与学说

本书主要介绍了在民法各领域中的主要制度和规定,而并未详细介绍相关判例或学说。因此,在此有必要介绍其在民法学中的作用及其学习意义。

（1）判例

虽然民法的规定是针对现实生活中可能发生的各种纠纷制定而成,但由于现实生活中的法律纠纷千差万别,也存在法律条文规定不明的情况。此外,在诉讼中还会出现关于条文内容的解释问题。此时,判例可以发挥填补条文空白以及确定解释的疑点的作用。在判例起到了上述作用的情形下,一般被称之为"由判例法理得以确立"或"形成了判例的准则"。在这里需要注意的是,通常所述的"判例"可以被理解为通过最高法院的判决,该司法的见解已经被固定的情形。

（2）学说

学说可以说具有以下意义:在关于条文的解释存在意见的分歧时,或在处理尚无条文规定的新纠纷时,先由学说提出问题,再引出上述判例,或虽然在过去已经存在几乎确定的判例,而该判例法理因理论上或社会的变化而变得不合理的情形下,有时会因为学说对判例的批判而促成判例的变更。因此,随着学习的深入,研习学说将愈发显得重要。一般对初学者而言,只要学习学说中的通说或多数说即可(也有随着研究的进展存在着通说被少数说推翻的例子)。

（3）从法律条文出发

虽然上面介绍了判例与学说的作用,但最关键的还是条文的内容。若忽视对条文的正确理解,而只是积累判例和学说的知识,则属于本末倒置。因此,学习的时候应该手头放一本六法,先从正确理解条文内容做起。

7. 面向初学者的推荐书目

（1）为了掌握民法的整体情况的入门书

在此向希望进一步深入学习民法的整体情况的人推荐以下书籍:

① 野村豊弘《民事法入门》(第 7 版)(有斐閣,2017 年)

② 池田真朗《民法总论的起点》(第 3 版)(日本评论社,2018 年)

《民事法入门》简要介绍了民法的整体以及民法与商法、民事诉讼法之间的关系,并覆盖了 2017 年民法修改的内容。

《民法总论的起点》推荐的是拙著,其定位为初学者"读的第一本书",在概览民法整体的同时,学习民法总则的内容。该书围绕着 2017 年修改后的新法展开叙述,特别是关于民法总则的主要修改点,介绍了其修改原因和前后的变化。

此外,关于债权法,作为入门书推荐下列拙著。该书适合于 2020 年 4 月修改法施行前现行法下的过渡期的学习。

③ 池田真朗《债权法的起点》(第 6 版)(日本評論社,2017 年)

（2）标准的民法教科书

作为真正开始学习民法时使用的更高层次的(标准的)教科书,推荐以下已覆盖修正法内容的书籍：

④ 山田卓生・河内宏・安永正昭・松久三四彦《民法Ⅰ-总则》(第 4 版)(有斐閣 Sシリーズ,2018 年)

⑤ 淡路剛久・鎌田薫・原田純孝・生熊長幸《民法Ⅱ-物権》(第 4 版)(有斐閣 Sシリーズ,2017 年)

⑥ 野村豊弘・栗田哲男・池田真朗・永田真三郎《民法Ⅲ-債権総論》(第 4 版)(有斐閣 Sシリーズ,2018 年)

⑦ 藤岡康宏・磯村保・浦川道太郎・松本恒雄《民法Ⅳ-債権各論》(第 4 版)(有斐閣 Sシリーズ,2018 年)

⑧ 佐藤義彦・伊藤昌司・右近健男《民法Ⅴ-親族・相続》(第 4 版)(有斐閣 Sシリーズ,2012 年)

④～⑧是作为法学院的标准教材撰写而成,读者众多且内容值得信赖。掌握了这些教科书的内容就能达到可在一定程度上应对法科大学院入学考试的水平。(只有⑧是 2017 年修改前的内容)

(3) 辅助教材

作为收录了有关民法的登记簿等资料以及合同模板等并附带解说的辅助教材,推荐下列拙著：

⑨ 池田真朗编著《民法 Visual Materials》(第 2 版)(有斐閣,2017 年)

在法学的学习中,了解登记簿的记载事项等实践性内容同样重要,因此推荐大家学习并去实践中体会该书的内容。

第 3 节　面向中级者的民法学习的建议

1. 民法学习的技巧

以下,面向民法学习的中级者提出一些带有主观色彩的建议。

(1) 站在对方立场上进行思考

民法着重考虑当事人间的利益平衡。例如,在 A 与 B 的合同中,对 A 有利的事情在多数情况下对 B 不利。因此,民法的大目标在于确保各种社会纠纷中的当事人的公平性,考虑如何才能保持公平,并提供其判断尺度。若只能站在一方当事人的立场上思考问题,则民法的学习将无法顺利进行。例如,自己觉得符合常识的事情在其他情况下可能就并非如此。这样的情况在生活中屡见不鲜(学生的常识对教师而言是非常识,婆婆的常识对儿媳而言是非常识等。当然反过来也是如此)。在日常生活中应学会站在对方的立场上进行思考。

（2）没有可以一刀两断的价值基准

稍微深入学习民法之后，就会有人产生这样的疑问，即"民法中就没有一种思维方式或价值标准可以实现按照它处理即可简单明了地理清所有的问题吗？"。刑法或票据法等可能带有决定了基本的立场或者主义，即可从一定程度上看清体系的一面，但我认为这种情况在民法中并不存在，这样的想法也是错误的。这是因为民法具有多面性，并且多为非技术性的简朴的内容，不能按照一定的价值标准就可以加以整理。从这种意义上来说，喜欢靠一些绝对性标准来理解事物的人普遍不太擅长民法。虽然听起来比较抽象，但公平、自由、平等是民法的理念，追求意思自治、私法自治是民法的基本思想，而实现这些的前提是存在可以自律的市民。

此外，有的学生将"交易安全"作为覆盖民法整体的价值基准，但这样的想法是错误的。所谓交易安全是指，例如 A 的所有物因 B、C 之间的行为转移到 C 的手中时，对进入到交易中的 C 的权利加以保护的制度，即所谓的"动的安全"。而若作出上述保护，则结果反而会侵害真实权利人 A（即"静的安全"）。如动产的即时取得（《日本民法》第 192 条）就是基于该想法制定的制度，但这在民法中是比较特殊的制度。民法的目标是使动的安全与静的安全处于一种最为和谐的状态之下，而并非任何时候总要保护动的安全。（关于这一点，作为民法的特别法的商法，因为其旨在促进商事交易的顺利开展，所以比民法更注重保护"交易安全"）。

（3）"利益较量（衡量）"是最后的手段

在继续深入学习民法之后，关于各种案例中在当事人 X 与 Y 之间最终应保护谁的问题，会出现采用"利益较量（衡量）"这一方法的学说。其为在考虑相关行为是在何种背景下作出，是否有可能认识到事态的发展等当事人的各种情况的基础上，对双方当事人应保护的利益进行比较的方法。但应注意的是，民法上的判断依据是条文的解释和当事人意思解释，而不应该只通过利益衡量来解决。法律条文是在考虑到事先设想的当事人之间的利益平衡的基础上而制定的。因此，首先作为条文解释，应努力发现"条文内在的保持利益平衡的方法"，其次在其延长线上还存在类推适用的方法，即将本来针对别的对象制定的条文以宗旨相同等理由扩大适用范围后加以适用。在用尽上述方法通过个别条文仍然得不出结论的情况下，即使作为最后的手段使用利益衡量，在很多情形下也应以违反信义（《日本民法》第 1 条第 2 款）或权利滥用（《日本民法》第 1 条第 3 款）等一般条款为依据进行考虑（依据一般条款来解决在这种意义上是最终的调整手段）。

2. 诉讼制度与判例

以下内容是面向中级者就案例的形成过程及引用方法稍加详细的说明。

在日本，针对一般的法律纠纷，按照地方法院——高等法院——最高法院的顺序,最多能接受 3 次法院的判决(诉讼金额较少的民事案件在一审时适用简易法院,即采用简易法院——地方法院——高等法院的三审制。而对于审理家事案件的家事法院的诉讼时,原则上采用一审家事法院——二审高等法院的方式)。最高法院以外的各法院的判断是着重于审查案件事实的事实审,而最高法院则以法律判断(条文的解释等)为中心。因此,即使包括高等法院在内的下级法院关于同种案例的判决已经积累相当多的判例,然而在最高法院作出判决前该司法的判断仍旧未被确定。在当事人上诉至最高法院且得到判决后,方能进入形成判例法理的阶段。因此,也存在对于下级法院的判决,不称为"判例"而称为"裁判例"的区别。在最高法院针对类似案例多次作出相同主旨的判决的情况下,才可以表明判例法理得以确立。因此,有必要学习已形成判例法理的最高法院判决,以及虽然只有一例但具有较高先例性的最高法院判决。被认为有先例性的最高法院判决由法院进行筛选后,刊登于最高法院的判例集(民事、刑事),并非最高法院的所有判决均刊登于该判例集。例如,若引用的是"最(三小)判昭和 49 年 3 月 7 日民集 28 卷 2 号 174 页",则指的是引用最高法院第三小法庭于昭和 49 年 3 月 7 日作出的判决,其被收录于最高法院民事判例集的第 28 卷第 2 号第 174 页。

此外,在一些出版社出版的判例杂志中,不仅收录了最高法院的判例,还有很多高等法院、地方法院的判例。例如,"判例时报(简称判时)""判例タイムズ(简称判夕)""金融商事判例(简称金判)"等杂志。若一个判例同时刊登于最高法院民事判例集以及民间的判例杂志,则通常引用最高法院民事判例集,但学习时也应该阅读民间的判例杂志。这是因为这些判例杂志在收录判例时,经常附带着被称为"评论"的解说文章,对学习也是很有帮助的。

3. 面向中级者的推荐书目

学习民法时,将条文应用于判例这点非常重要,因此应阅读解析主要判例的书籍、列举判例问题并加以解说的专业书。阅读这些书籍也有助于准备各种资格考试。在此,首先推荐以下判例解析,但在民法修改后应解说的判例也将有较大变化。

⑩ 中田裕康＝潮見佳男＝道垣内弘人编《民法判例百選 I 総則物権、II 債権》[第 6 版](有斐阁,2009 年)

⑪ 奥田昌道・安永正昭・鎌田薫、池田真朗《判例講義民法 I・民法 II》[補訂版](悠々社,2005 年,2010 年版附带增补判例集)

另外,下面推荐的⑫虽然并不是所谓的判例解析,但其作为"判例学习书"介绍了判例的学习方法、阅读方法和查询方法,并传授了通过判例进行学习的各种方法。

⑫ 池田真朗编著《判例学習のAtoZ》(有斐閣,2010 年)

最后,作为就现行法与 2017 年修改法进行对比的民法修改解说书,推荐以下书籍:

⑬ 大村淳志·道垣内弘人编著《解説 民法(債権法)改正のポイント》(有斐閣,2017 年)

4. 面向高级者的建议

以下是面向于处于民法学习的高级阶段的读者提出的一些建议。

(1) 对作为法解释的出发点的制度宗旨的理解

首先,民法作为私法的基本法已有 110 年以上的历史,因此可能大家会觉得已经不存在解释上的疑点,但实际上还是存在很多问题的。其原因之一在于,对作为解释论的出发点的制度宗旨或规定的意义的阐明有所滞后。近年来,虽然这方面的研究突飞猛进,但仍存在很多学术课题。此外,2017 年修改法还会产生新的解释问题。

民法中各项制度的目的和宗旨是决定如何解释个别条文的重要因素。反而言之,若不理解为何应这样解释,则应该回归于学习制度的宗旨。在该情形下,有的教科书关于制度宗旨的叙述较为详细,而有的较为简单,在学习中可以选择几本不同的教科书或内容上更为详细的专著(参见后文)进行对比阅读。

(2) 社会变化与民法的解释

在客观阐明制度宗旨等之后,应该如何解释各种制度以及法律条文,这与如何看待民法在社会中的作用以及与特别法的关系等密切相关,并且还与在"法解释学"这门学科中理论究竟为何物的问题有关。

首先,在法律观上一直以来存在着争论,有学说认为,法律会将在立法时被赋予的意义、性质、功能应一直不变地保持下去,也有学说认为,法律会随着时代的前进而不断进化(前者被称为立法者意思说,后者为法律意思说)。关于这一点可能两方面的要素都实际存在,但根据看待法律时的重心是放在前者还是后者的不同,会出现解释论中思维方式的差异。

我个人认为,以下思维方式较为合理:首先,应正确理解作为法解释的出发点的制度宗旨,通过弄清该条文本来被赋予的意义,解释的方程式的常数就得以确定;若进而存在与立法时不同的社会需求即社会变化的因素(例如,交易形态的变化或伦理观的根本性变化等),则将其作为方程式的变数加以处理。

其次,基于法应随着社会的发展而变化的想法,有意见认为,应对法律不断进行修改。关于这一点,其实取决于该法律的属性。例如,与民法相比,商法的技术性、专门性更强,因此在商法领域为了切实、迅速的应对商事交易的变化,修改法律的必要性与合理性较高。实际上,商法也被频繁地进行着修改。但是,民法是私法的基本法,也是众多特别法的思维方式的基础。并且,民法是以多样化的当事人和交易形态为对象(单就买卖合同而言,从店里购买物品,或者从朋友那里受让爱用品,都被囊括在民法的对象范围内)。因此,关于民法的修改必须考虑法的安全性。此外,是以修改民法还是制定新的特别法来应对,这也是个重要问题。

　　(3)作为法律从业者

　　在此介绍一个思考法律(不仅限于民法)时的最根本的问题。在法解释以及立法中,是认为存在超过人类智慧的理想的终点(自然法),还是认为应将现有的法律作为首选逐步加以改良即可?这是自古以来就是久经讨论的难题。若站在重视法学的科学性的立场上,则当然应否定超越人类智慧之物的存在。但法学终究还是价值判断的学问,对将其与自然科学等放在同一水平线上的做法也存在质疑。此外,最重要的是我们人类作为并不完美的存在,不管如何绞尽脑汁地进行立法,所制定出的法律也注定是不完美的。这种谦虚的想法对我们法律从业者而言是不可或缺的。

5. 面向高级者的推荐书目

　　民法学习的高级者应该阅读详细介绍判例、学说以及作者见解的基础书籍或者专著。基础书籍是指针对司法考试等内容的学习时所用的基本书籍。专著是比基本书的叙述更为详细、介绍所学领域的系统性研究成果的著作。在本书第 4 版之前的版本中以财产法领域为主介绍了面向高级者的推荐书目,因而在此不再赘述,因为需要等待这些著作增添 2017 年修改的内容,以及依据届时的评价再行介绍。

第 4 节　结　　语

　　综上所述,民法是涉及各种社会生活关系的多面性的法律,从考虑人与人的意思上的联系的简单层面,到保证债务或物的担保那样直接关系到财产交易的具体得失的层面,可以说是具有多样"面孔"的法律。因此,民法可以说作为学问研究难度很大,是具有广度和深度的法律。但除了将民法研究作为毕生事业的人们以外,其他人只要按照各自的兴趣和需求加以学习即可。在这种意义上,民法虽然具有广度和深度,但绝非是令人感到望而却步的法律,只要不找错学习的入口,应该说是令人倍感亲切的法律。民法对市民、考生、学者而言,都是充满探索魅力的小宇宙。

　　笔者在执笔本书时希望尽量做到能够最高效地概述民法的内容与学习方法,并为读者们指引出"学习民法的最佳入口和途径"。虽然本书是以完全没有学过民法的人们,尤其是以经济学、商学等其他专业的读者作为对象的,但在此也希望本书能够对其他读者有所帮助。

译　后　记

　　民法是一个国家私法领域的根本大法。2020 年将是我国民法发展中划时代的一年,因为按照预定的时间我国的民法典将会在这一年正式出台。这一定会是一部载入历史的民法典。

　　在这一重要的时刻,我们跳出中国民法典的制定,纵观世界各国的民法发展,可以发现 2017 年 5 月日本的民法典完成了对债权关系部分的重要修改(平成 29 年法律第 44 号)。这次修改是自 1896 年(明治 29 年)日本民法典制定以后至今 120 余年的历史里,第一次对民法典债权关系部分进行修改。这次民法典的修改不仅在日本学术界,甚至在日本社会中都受到了广泛的关注,可以说意义非常重大。日本民法典在世界民法学界占有重要的地位,了解与研究日本民法典的现状与发展,对于今后我国民法的发展具有重要的意义。

　　池田真朗教授是日本著名的民法学家,也是我非常尊敬的一位师长。池田教授长期在日本从事民法学的研究工作,特别是在债法的领域,对《日本民法》的发展作出了卓越的贡献。2011 年,池田教授获得日本政府颁发的紫绶褒章,这是日本政府颁发给教育界人士的最高荣誉。

　　本书的日文版《民法への招待》是池田教授众多著作中一本启蒙读物,在本书中,池田教授用平实而简洁的语言引领读者了解《日本民法》中的基本规则以及规则背后深刻的民法理论。本书的日文版在日本出版发行后曾多次印刷,深受读者的欢迎,并曾被翻译成为柬埔寨语在柬埔寨国家民法典制定中发挥了很大的作用。

　　池田教授研究经历极为丰富,曾长期执教于日本著名的私立大学——庆应义塾大学法学部,还曾出任联合国贸易委员会日本政府的代表,并曾担任日本学士院法学专业的委员长,日本金融法学会副理事长等重要的职务,目前作为日本武藏野大学的副校长兼法学院院长活跃在日本的法学界以及教育界。

　　池田教授对中国非常友好,对于中日两国的学术交流也非常支持,多年前我曾到日本庆应义塾大学演讲,与池田教授多有交流。也曾陪他在北京大学、清华大学访问并进行学术交流,这些活动已成为我最珍贵的学术回忆。

2018年,我第一次向池田教授表达了要翻译本书的愿望,池田教授一口答应并给予了最大限度的支持。今年恰逢池田教授迎来七十岁古稀之年,在此也想借助本书的出版来表达对池田教授的祝贺。

本书的译者分工为:朱大明:第1章,第2章;陈宇:第3章,第7章;金安妮:第4章,第5章,第6章;王梓:第8章,第9章,第10章。

朱大明、陈宇担任全书译稿的校正与统稿工作,朱大明对全书译稿做了最终的内容确认。

在本书的译者中,除了我以外,另外三位译者,陈宇教授、金安妮教授以及王梓法务专员都是日本庆应义塾大学的毕业生,他们都曾直接或间接地受教于池田教授。在这里,我要感谢三位译者为了本书中文版的出版牺牲了自己的宝贵时间,认真做好本书的翻译工作。

最后我要感谢清华大学出版社李文彬编审。我在第一次与李老师讨论本书的翻译时就得到了李老师的大力支持。在本书的翻译过程中,李老师给予我诸多有益的建议,在此深表感谢。

朱大明

2020年1月9日